Einen Borderlinebetroffenen zu verstehen ist ein Ding der Unmöglichkeit?!

Ja, das kann sein. Das komplizierte, häufig ambivalente und fast sekündlich wechselnde Gefühls- und Gedankenleben eines Borderlinebetroffenen komplett lückenlos zu verstehen, ist für Nicht-Betroffene vermutlich wirklich unmöglich.

Doch das heißt nicht, dass man deshalb gleich aufgeben sollte und stattdessen lieber weiterhin auf seine Vorurteile gegenüber der Diagnose beharren darf. Denn auch wenn etwas unverständlich erscheint, so kann man dennoch versuchen, es wenigstens ansatzweise nachzuvollziehen.

In diesem Buch wird anhand verschiedener bildlicher Vergleiche, Metaphern und anschaulicher Beschreibungen das Gedanken- und Gefühlsleben einer Borderlinebetroffenen auch für Borderline-unerfahrene-Personen verständlich gemacht. Auf einer „Traumreise" lernt der eigentlich gefühlskalte und sehr vorurteilsbehaftete Stefan die kleinen Bordi kennen, die ihn mit auf eine Reise durch seine chaotische, kunterbunte, schwarz-weiße Welt nimmt. Denn hinter dem paradox wirkenden

Verhalten der Bordi verstecken sich meistens ganz logische Denkansätze und einfache Erklärungen.

Was im ersten Moment wie ein Kinderbuch klingt, ist in Wirklichkeit ein tiefgründiges Buch, das versucht, Vorurteile abzubauen, Berührungsängste zu lindern und für mehr Akzeptanz sorgen will. Das einzige, was an diesem Buch „kinderleicht" ist, sind die Erklärungen. Fachwörter oder komplizierte Vergleiche werden Sie in diesem Buch nicht finden. Denn mein Ziel ist es, keine wissenschaftliche Arbeit zu schreiben, sondern einen Einblick in meine Welt zu geben. In die schwarz-weiße, kunterbunte Welt einer Borderlinebetroffenen. Sind Sie dazu bereit mitzukommen? Haben Sie Lust auf ein Abenteuer, das zum Nachdenken anregt, eventuell Ihre Sichtweise auf die Welt verändert? Besitzen Sie den Mut, hinter Fassaden zu schauen? Vielleicht auch hinter ihre eigene? Dann sind Sie auf dieser Traumreise genau richtig!

Das Buch ist sowohl für Betroffene als auch Angehörige, Freunde, Bekannte oder einfach nur Interessierte geeignet.

Laura Adrian

Die Kunst, ein Stachelschwein zu umarmen

Merlin's Bookshop

ISBN: 978-3-96248-017-2

Copyright © Merlins Bookshop
Korrektorat & Lektorat: Klarissa Klein & Merlins Bookshop
Verlag: Merlins Bookshop, Inh. Dietmar Noss, Waldstr. 22, 65626 Birlenbach
Alle Rechte liegen bei Merlins Bookshop, Inh. Dietmar Noss, Waldstr. 22, 65626 Birlenbach
Coverfoto/Fotograf: Dirk Ludwig - www.dirk-ludwig.de
Model: Anna Lena Engel
Gestaltung: Merlins Bookshop
Druck: Arkadruk, 43-400 Cieszyn, Polen

Inhalt

Manchmal träumt man, manchmal
wird aus Träumen Realität,
manchmal kann man sich an seine
Träume erinnern, manchmal vergisst
man sie direkt wieder nach dem
Aufwachen, manchmal beeinflussen
uns unsere Träume, manchmal
machen sie uns Angst, manchmal
schenken sie uns Hoffnung …
Was wird wohl dieses
Buch aus dir machen?

1. Einleitung

Hallo, mein Name ist Stefan und ich bin der Ich-Erzähler dieser Geschichte.

Eigentlich würde ich mich persönlich als ganz normal – eben durchschnittlich – bezeichnen. Mir ist noch nie etwas großartig Besonderes passiert. Ich wurde in einem kleinen Kaff als Einzelkind geboren, bin dort zur Schule gegangen, habe mit achtzehn mein Abitur gemacht und arbeite jetzt als Informatiker in einem der zahlreichen Großraumbüros in unserem Land. Ich bin weder in der Schule sitzen geblieben, noch habe ich irgendwelche Vorstrafen oder mir sonst etwas zuschulden kommen lassen. Selbst meine Eltern leben noch zusammen. Also kurz gesagt: Mein Leben ist stinklangweilig und das „Aufregendste", was ich bis gestern erlebt habe, war nach meinem Schulabschluss der Auszug von zu Hause in eine mir unbekannte Großstadt, um zu studieren. Allerdings ist das ja auch nichts wirklich Besonderes...

Doch der Grund, weshalb ich das Buch schreibe, ist ein ganz anderer. Meine Geschichte handelt nämlich nicht von der Zeit von meiner Geburt bis jetzt, sondern lediglich von einem einzigen Erlebnis, das ich hatte. Dieses Erlebnis war gestern. Um genau zu sein: gestern Nacht.

Dieses Ereignis hat mein ansonsten so langweiliges und stinknormales Leben vollkommen verändert. Seit dieser „Begegnung" ist nichts mehr so wie vorher. Mir scheint es fast so, als wäre ich seitdem ein anderer Mensch und mit „anderen" Augen durchs Leben gehen würde. Aber jetzt erst einmal der Reihe nach von Anfang an, damit ihr versteht, was ich meine.

2. Alles fängt mit einem Traum an

Gestern Abend konnte ich nicht einschlafen. Über eine Stunde wälzte ich mich ununterbrochen von der einen auf die andere Seite. Doch egal, was ich machte, meine Augen wollten einfach nicht zufallen. Körperlich war ich zwar nach dem anstrengenden Büroalltag total erschöpft, doch die Gedanken in meinem Kopf waren noch so fit, dass sie selbst nach 23 Uhr noch Party feierten ...

Gegen 23.30 Uhr überkam mich aber dann schließlich doch die Müdigkeit und ich fiel in einen unruhigen Schlaf. In diesem unruhigen Schlaf hatte ich dann irgendwann in der Nacht einen äußerst seltsamen Traum:

In meinem Traum schlenderte ich eine holprige Straße entlang. Es dämmerte bereits und die Straßenlaternen warfen ein zaghaftes Licht auf den Gehweg. Ich kannte die Umgebung nicht, in der ich mich befand, aber dennoch schien ich genau zu wissen, wohin ich gehen musste. Ich wurde wie von einer unsichtbaren Kraft gelenkt.

Nachdem ich eine Weile die Straße entlangspaziert war, sah ich in der Ferne eine merkwürdige, zwergenhafte Gestalt zusammengekauert am

Boden sitzen. Ihre Kleidung war stark zerrissen und schmutzig, sodass sie eher an Lumpen als an Kleidung erinnerte und ihr Gesicht hatte sie tief in ihren Händen vergraben. Sie schien zu weinen. Selbst aus der Entfernung konnte ich sehen, dass ihr gesamter Körper vor Traurigkeit bebte.

Langsam und mit einem leicht unbehaglichen Gefühl in der Magengegend ging ich auf die Person zu. Als ich näherkam, konnte ich erkennen, dass ihre Arme von tiefen Narben übersät waren. Manche Verletzungen schienen bereits etwas älter zu sein, andere hingegen wirkten noch ziemlich frisch, so als ob sie erst wenige Tage oder Stunden alt wären.

Zögerlich ging ich noch weiter auf die merkwürdige Gestalt zu, bis ich direkt neben ihr stand. Vorsichtig beugte ich mich zu ihr hinunter und sprach sie an: „Was hast du? Warum sitzt du hier im Dunkeln auf der kalten Straße und weinst?"

In meinem Kopf herrschte höchste Alarmbereitschaft. Mein Verstand schrie mich an, dass ich schnellstmöglich meine Beine in die Hand nehmen und fliehen sollte, denn irgendwas an dieser Situation war mir ganz und gar nicht geheuer, doch mein Gefühl, sagte mir, dass die Person am Boden Hilfe benötigte. Ich konnte nicht einfach so an ihr vorbei gehen und sie unbeachtet am Boden liegen lassen. Das konnte ich nicht mit meinem Gewissen vereinbaren! So ein Unmensch war ich dann doch nicht.

Langsam und fast schon verängstigt hob die Gestalt am Boden ihren Kopf und blickte mich aus ihren großen, verweinten Augen an. Sie schluchzte und an ihrer Körperhaltung konnte ich erkennen, dass sie mir nicht traute. Sie wirkte völlig verängstigt. Trotzdem brachte sie nach einigen hektischen Atemzügen ein paar Sätze heraus. „Ich bin so traurig", sagte sie, „ständig verletzen mich irgendwelche Menschen und fügen mir tiefe Wunden zu. Die meisten dieser Verletzungen heilen nur sehr langsam und es bleiben jedes Mal hässliche Narben zurück."

Traurig zeigte sie mir ihre verwundeten Arme. Teilweise sahen die Verletzungen echt heftig aus. Die Person musste höllische Schmerzen ausgehalten haben. Verständnisvoll blickte ich sie an: „Das tut mir leid. Warum machen die Menschen so etwas mit dir?"

„Weil sie mich nicht verstehen", schluchzte die Gestalt.

Immer mehr und mehr Tränen rollten über ihre Wangen. „Sie verstehen nicht, wie ich denke, wie ich fühle und dadurch auch nicht, dass ich mich manchmal anders verhalte als sie. Sie können mit dem Begriff „Borderline" nichts anfangen oder haben falsche Vorstellungen davon. Doch, anstatt nachzufragen, was mit mir los ist, werde ich als verrückt oder geisteskrank hingestellt, bekomme Vorurteile zu hören und werde in eine Schublade gesteckt oder ausgegrenzt! Das macht mich traurig, tut weh und verletzt mich jedes Mal aufs Neue. Ich mag vielleicht anders sein als „normale Menschen", aber trotzdem bin ich doch in erster Linie immer noch Mensch! Auch ich bestehe aus Fleisch und Blut und habe ein Herz und Gefühle."

Die Stimme der Person klang sehr traurig und verzweifelt und ihre Worte machten auch mich traurig. Denn ich musste mir eingestehen, dass ich ebenfalls zu den Menschen gehörte, die mit dem Wort „Borderline" nicht allzu viel anfangen konnten und andere Menschen gerne mal als verrückt abstempelte, weil sie anders waren, als meine Vorstellung es zuließ. Trotzdem – oder vielleicht auch gerade deswegen – wollte ich der traurigen Person helfen. Meine anfängliche

Angst und mein Misstrauen ihr gegenüber waren inzwischen komplett verschwunden. Sie tat mir nur noch leid und ich wollte ihr das geben, wonach sie sich offensichtlich gerade sehnte: Verständnis und Aufmerksamkeit. Doch dafür musste ich erst einmal herausfinden, wer oder was dieses Borderline war.

Ohne großartig nachzudenken, kniete ich mich neben sie auf den Boden, gab ihr ein Taschentuch in die Hand, mit dem sie ihre Tränen wegwischen konnte, und fragte sie: „Kannst du mir erklären, was Borderline ist, wie du dich fühlst und wie du denkst? Dann kann ich vielleicht versuchen, dich zu verstehen, und dir damit helfen."

Diese paar Worte zauberten sofort ein Lächeln in das ansonsten so traurige Gesicht der Person, die wie ich jetzt wusste, ein „Bordi" war.

Schnell wischte sich die Bordi die Tränen aus dem Gesicht und begann wie ein Wasserfall zu reden.

3. Achterbahn der Gefühle

Allein durch meine Ansage, dass ich ihr zusicherte, dass ich ihr zuhören wollte, schien es der Bordi um ein Vielfaches besser zu gehen und sie blühte innerhalb von Sekunden auf.

„O. k. Du willst wissen, wie ich mich fühle? Ich beschreibe es mal so: Ich kann lachen, weinen, vor Wut toben, glücklich sein und kurz danach verzweifeln, und dass innerhalb von nicht einmal einer Stunde!", begann sie zu erzählen.

„Es ist für mich nur sehr schwer, oft sogar unmöglich, meine Gefühle zu kontrollieren. Mein Gefühlsleben ist wie eine außer Kontrolle geratene Achterbahnfahrt. Ständig geht es hoch und genauso schnell wieder runter, zwischendurch gibt es scharfe Kurven, und ab und zu ist noch ein Looping dazwischen. Jedoch weiß ich nie, wohin mich die Gleise als Nächstes führen und was hinter der nächsten Kurve auf mich wartet. Die Route der Achterbahn ändert sich nämlich ununterbrochen. So etwas wie einen routinierten Rhythmus gibt es bei meinen Gefühlen nicht. Jeder Tag ist ein neues *Überraschungspaket*. Hinzu kommt, dass ich die Achterbahn sozusagen zusätzlich noch blind, mit verbundenen Augen, fahre. Es ist für mich unmöglich, vorherzusehen, in welche Richtung es geht oder wann die Gleise bergauf und wann bergab führen. Ich kann lediglich versuchen zu erahnen, was als Nächstes passieren könnte und anschließend probieren, die Geschwindigkeit der Achterbahn positiv zu beeinflussen."

In Gedanken versuchte ich mir vorzustellen, wie es wäre, wenn ich mit verbundenen Augen eine Achterbahnfahrt über mich ergehen lassen müsste. Ohne Frage war bereits das eine schwierige Vorstellung für mich. Denn – ganz ehrlich – wer fährt schon gerne Achterbahn mit verbundenen Augen, wenn man keine Ahnung hat, wohin es als Nächstes geht?

Allein die gedankliche Vorstellung löste schon ein unbehagliches Gefühl in mir aus. Keine Kontrolle darüber zu haben, was passiert und somit auf gewisse Weise machtlos ausgeliefert zu sein, war nie ein schönes Gefühl. Und wenn ich mir jetzt noch vorstellen müsste, diese „blinde Achterbahnfahrt" täglich, 24 Stunden am Tag aushalten zu müssen, überstieg das eindeutig meine Vorstellungskraft! Ich glaube, da würde ich persönlich durchdrehen! Ich hatte schließlich schon das Gefühl, verrückt zu werden, wenn meine Stimmung einen Tag lang zwei- oder dreimal grundlos umschwenkte, doch im Vergleich zu dem, was die Bordi von ihren Gefühlen erzählte, schienen meine eher seltenen Gefühlsschwankungen noch harmlos zu sein, deshalb antwortete ich ihr: „Das klingt ziemlich kompliziert und extrem anstrengend!"

Sie seufzte: „Ja, das ist es, aber jeder Borderline-Betroffene kann – beziehungsweise muss – lernen, damit umzugehen. Etwas anderes bleibt einem nicht übrig. Schließlich wird man diese Gefühlsschwankungen als Borderliner so schnell nicht mehr los ..."

Sie schaute kurz betrübt auf den Boden, bevor sie mich wieder ansah, und weitererzählte: „Mit der Zeit habe ich aber gelernt, diese chaotische Achterbahnfahrt etwas abzuschwächen. Also so, dass die Höhen nicht mehr ganz so hoch und die Abstürze nicht mehr ganz so tief sind. Das macht es etwas erträglicher für mich. Des Weiteren habe ich es durch lange, harte Arbeit und viel Mühe geschafft, eine Art Bremse in meine Waggons einzubauen, die die schnelle Geschwindigkeit der Achterbahn drosselt. Diese Bremse gibt mir unter Umständen die Gelegenheit, bei einem möglichen Absturz eventuell noch rechtzeitig entgegenzuwirken und einen Frontal-Crash zu verhindern. Mir persönlich gelingt das nach einigen Jahren harter Arbeit an mir und meiner Gefühlswelt zum Beispiel inzwischen relativ zuverlässig."

Ein stolzes Lächeln huschte über ihr Gesicht.

„Doch leider gibt es auch immer noch Tage in meinem Leben, an denen meine (Not-)Bremse defekt ist und die Wagen der Achterbahn wieder ungebremst die Strecke entlang brettern und ich keine Chance habe, darauf einzuwirken. Allgemein ist bei mir kein Tag wie der andere. Was ich in diesem Moment denke und fühle, kann im nächsten Moment schon ganz anders sein. Mal komme ich mit meinen Gefühlen gut klar und mal ist es die reinste Katastrophe. Diese Stimmungswechsel sind an manchen Tagen echt die Hölle und nur sehr schwer auszuhalten. Und damit meine ich nicht nur für die Leute in meiner Umgebung, sondern auch für mich. Häufig bekomme ich nämlich nur zu hören, dass ich anstrengend bin oder dass ich mich mal auf eine Stimmung festlegen soll, aber wie ich mich selbst in solchen Situationen fühle, daran denkt niemand. Alle bekommen lediglich mit, wie ich mich nach außen gebe, doch was alles in meinem Innern passiert, bleibt unerkannt. Dabei herrscht in meinem Kopf meist noch ein größeres Durcheinander, als ich nach außen hin widerspiegele."

4. Ein Meer von Emotionen

„Da hast du recht", bestätigte ich sie. „Das ist ein großes Problem in unserer heutigen Gesellschaft. Jeder denkt an sich, seine Gefühle und seine Empfindungen. Aber was das Gegenüber verspürt, ist vielen Menschen inzwischen leider egal."

Noch während ich den letzten Satz aussprach, merkte ich, dass ich in meinem wahren Leben kein Stückchen besser war. Auch ich gehörte (leider) zu den Menschen, die erst einmal ihr Gegenüber zur Sau machten, bevor sie überhaupt einmal daran dachten, dass derjenige vielleicht einen Grund haben könnte, wieso er oder sie heute so schlecht gelaunt war, keine ausreichenden Leistungen erbrachte oder etwas Sonstiges verzapfte, was mir gerade nicht in den Kram passte. Doch bevor ich mir noch weitere Gedanken über mögliche Fehlhandlungen von mir machen konnte, sprang die Bordi hoch motiviert auf, nahm mich bei der Hand und sagte: „Komm, ich zeige dir etwas!"

Puh, das schien gerade noch mal gut gegangen zu sein. Sie hatte offensichtlich nicht gemerkt, dass sie mich mit ihrer Aussage zum Nachdenken gebracht hatte. Das war gut, denn ich hasste es, mir selbst Fehler einzugestehen! Bereits in der Schule und Ausbildung und später auch im Berufsleben hatte ich nämlich gelernt, dass, wenn man im Leben erfolgreich sein will – also so wie ich – man nie die Schuld bei sich suchen oder ein schlechtes Gewissen wegen irgendetwas haben darf. Aus diesem Grund waren es meiner Meinung nach immer die anderen Menschen, die Fehler machten und nie ich selbst.

Allgemein konnte man sagen, dass Gefühle, Empathie und Erfolg im Berufsleben so gut wie nie zusammenpassten. Wenn man *wirklich* erfolgreich sein wollte, musste man sich für eine Sache entscheiden. Und ich persönlich hatte mich von Anfang an für den Erfolg entschieden und Gefühle und Empathie für die Weicheier im Betrieb übrig gelassen. Wie zum Beispiel für die verheulte Sekretärin im Büro. Diese hohle Nuss fing wegen jeder Kleinigkeit an zu weinen und brachte nichts zustande. Weiter kam ich in meinen Gedanken jedoch nicht.

Kaum hatte sich ihre Hand um die meine geschlossen, färbte sich vor meinen Augen alles schwarz und ich hatte das Gefühl, in einen bodenlosen Abgrund zu stürzen. Alles um mich herum begann sich zu drehen und ich schien von einer magischen Kraft immer tiefer und tiefer in ein endloses, schwarzes Nichts gezogen zu werden. Keine Ahnung, was da gerade um mich herum passierte, aber es war auf jeden Fall äußerst unheimlich und leicht angsteinflößend! Ich verlor jegliche Orientierung und durch die zunehmend schnelleren Drehungen wurde mir schnell übel.

Das Nächste, an das ich mich erinnern konnte, war der salzige Geruch von Meeresluft. Langsam und vorsichtig öffnete ich meine Augen und versuchte mich zu orientieren.

Leicht verwirrt musste ich feststellen, dass ich mich nicht mehr auf der Straße befand, auf der ich soeben noch mit der Bordi gemeinsam stand, sondern mitten in einem riesigen Watt!

Außer ihr und mir war weit und breit kein anderer Mensch zu sehen. Nicht einmal eine einzige Möwe kreiste am Horizont. Um uns herum herrschten nur endlose Leere und eine bedrückende Stille. Verdutzt über diesen merkwürdigen Ort schaute ich mir die trostlose Umgebung an. Soweit ich blicken konnte (und das war fast schon unendlich weit), konnte ich außer dem matschigen Boden des Watts und ein paar kleineren und größeren Pfützen hier und da nichts erkennen.

Ratlos fragte ich die Bordi: „Ich verstehe nicht ganz. Was willst du mir an diesem Ort zeigen? Außer uns zweien ist niemand hier, und auch ansonsten gibt es nichts Aufregendes zu sehen. Davon abgesehen: Wie sind wir überhaupt hierhergekommen?! Kurz nachdem du meine Hand berührt hast, ist mir schwindelig und schwarz vor Augen geworden und alles um mich herum hat sich gedreht."

„Das ist meine Art, mit dir von einem Ort zum anderen zu reisen", antwortete sie mir mit recht nüchterner Stimme. „Da das hier ein Traum ist, ist vieles möglich. Und ich mag diese Art zu reisen. Es geht schnell, ist unkompliziert und man kommt so gut wie immer dort an, wo man hinwill. Die Trefferquote liegt so gut wie bei 90 Prozent. Doch das ist gerade nebensächlich. Der eigentliche Grund, weshalb ich dich hierhergebracht habe, ist, dass ich dir diese endlose Weite zeigen möchte."

Sie machte eine kurze Pause beim Sprechen und drehte sich einmal um die eigene Achse, so als ob sie nochmals verdeutlichen wollte, dass weit und breit tatsächlich nichts anderes als nasses Watt zu sehen war.

Nachdem sie ihre Drehung vollendet hatte und wieder mit Blickrichtung zu mir stand, fuhr sie fort: „An manchen Tagen sieht es in mir drinnen genauso aus wie gerade unsere Umgebung. Alles ist genauso leer, trostlos und ohne Leben. Es gibt nichts, woran ich mich erfreuen könnte oder was mir Halt verspricht – sondern nur unendliche Leere und erstickende Einsamkeit. Meine Gefühle sind dann wie tot. Alles Leben in mir ist verschwunden und ich fühle mich verloren in mir selbst."

Mit einem mulmigen Gefühl in der Magengegend begutachtete ich die Leere um mich herum. Dieses weite Nichts und die dazugehörige Stille machten mich bereits nach diesen wenigen Minuten schon wahnsinnig! Wie ein Strick legte sich die Trostlosigkeit der Umgebung um meinen Brustkorb und zog sich zunehmend enger zu. Obwohl hier mehr als genug Luft zum Atmen war, hatte ich trotzdem das Gefühl zu ersticken. Es war verrückt, wie sich so ein leeres Umfeld so schnell auf mich, meine Psyche und meinen Körper auswirkte. Nie hätte ich gedacht, dass das wortwörtlich *Nichts* meine Empfindungen und Gefühle so negativ beeinflussen konnte.

„Und plötzlich, wie aus dem Nichts, kommt die Flut zurück", unterbrach die Bordi die unangenehmen Sekunden der völligen Stille, die mir wie Minuten vorkamen. „Ohne Vorwarnung scheinen dann hunderttausend Gefühle auf einmal auf mich einzustürzen und ich habe das Gefühl, dass ich in dieser gigantischen Flutwelle ertrinke. Innerhalb von Sekunden bin ich in einem tobenden Meer aus allen erdenklichen Gefühlen gefangen und muss um mein Überleben kämpfen."

Panisch blickte ich mich in alle Richtungen um, um eine mögliche Flutwelle zu entdecken. Ich traute ihr nicht. Obwohl wir uns erst kennengelernt hatten, wusste ich bereits, dass ich in ihrer Gegenwart mit allem rechnen musste. Das Mädel war immer für eine Überraschung gut. Egal, ob positiv oder negativ.

Doch – glücklicherweise! – konnte ich keine Anzeichen einer Flutwelle erkennen, und auch meine neue Bekannte redete unbeirrt weiter, sodass ich davon ausgehen konnte, dass ich nicht innerhalb der nächsten zwei Minuten von einer Flut überrascht werden würde.

„Dank der Diagnose Borderline ist mein Gefühlsleben wie eine Wattwanderung ohne Kompass, Karte und Uhr. Regelmäßig verirre ich mich in den unendlichen Weiten des Watts und verliere die Orientierung. Dadurch, dass ich keine Orientierungshilfen habe und alles gleich aussieht, finde ich nicht mehr den Weg an das sichere, belebte Festland zurück. So irre ich also Stunden, Tage oder manchmal auch Wochen in der leblosen Einsamkeit des verlorenen Meeres umher und versuche vergeblich, irgendwelches Leben und sicheren Boden zu finden. Dadurch, dass ich keine Uhr bei mir trage, verliere ich bei dieser Suche leider auch recht schnell mein Zeitgefühl. Schon bald habe ich keine Ahnung mehr, wie spät es ist und wann die gefährliche Flut kommt. Das heißt, im Klartext, dass ich neben der Leere und der Einsamkeit, die ich im Watt sowieso schon ertragen muss, zusätzlich noch immer die Angst, dass ich jederzeit von einer Gefühlsflut überrannt werden könnte, im Hinterkopf habe."

Ursprünglich fand ich bereits die Vorstellung, tagelang nichts als Leere und Einsamkeit zu fühlen, ziemlich beklemmend, doch das, was die Bordi gerade über ihre Gefühle erzählte, war vermutlich ebenfalls nicht unbedingt angenehmer. Beide Extreme – sowohl nichts fühlen, als auch in seinen eigenen Gefühlen zu „ertrinken" –, waren sicherlich nicht schön.

Keine Ahnung wieso, aber kurzzeitig überkam mich eine kleine Welle des Mitleids ihr gegenüber.

„Wie überlebst du diese Flut von Gefühlen, ohne darin zu ertrinken?", fragte ich sie neugierig. Normalerweise war es nicht meine Art, andere Menschen verstehen zu wollen und dazu gezielt noch etwas über die Gefühle des anderen erfahren zu wollen – aber irgendwie faszinierte mich der Bordi mit seinen Erzählungen und seiner Art.

Sie seufzte: „Das frage ich mich auch manchmal. Nicht selten ist es mir selbst ein Rätsel, wieso ich noch nicht in meinen eigenen Gefühlen – vor allem meiner eigenen Traurigkeit – ertrunken bin. Aber irgendwie schaffe ich es jedes Mal zu ‚überleben'. In erster Linie versuche ich es, mit Schwimmen über Wasser zu halten und mich in ruhigere Gewässer vorzukämpfen, in denen weniger Wellengang herrscht und ich vielleicht sogar stehen kann. Manchmal hilft mir dabei eine Rettungsweste. Diese Rettungsweste sind Techniken und Taktiken, mit denen ich meine

Gefühle einigermaßen regulieren und die Flut besänftigen kann. Oder ein anderes Mal kommt ein guter Freund mit einem Rettungsboot vorbei und zieht mich aus den Fluten. Doch sehr häufig bin ich auch einfach nur auf mich alleine gestellt und auf meine eigenen Schwimmfähigkeiten angewiesen. In solchen Situationen nicht unterzugehen, kostet eine Menge Kraft und ist unter Umständen – je nachdem wie hoch die Wellen schlagen – ein harter Kampf."

„Das glaube ich dir. Das hört sich, auch ohne, dass ich schon diese Erfahrung am eigenen Körper machen musste, sehr anstrengend an. Umso mehr beeindruckt es mich, dass du immer noch die Kraft hast zu kämpfen und nicht einfach aufgibst!", versuchte ich ihr Mut zu machen.

„Aufgeben?", fragte sie verwundert, „meinst du das ernst? Wenn ich dich mitten auf einem Meer über Bord ins Wasser schmeiße, was tust du da?"

Bevor ich überhaupt dazu kam, die Frage zu realisieren, beantwortete sie ihre Frage selbst und sprach ohne Punkt und Komma weiter.

„Schwimmen! Du schwimmst! Ob du willst oder nicht – du versuchst dich über Wasser zu halten. Das ist ein Reflex. Ein Reflex, der dir das Leben rettet. Und genau diesen Reflex, oder besser gesagt diesen Überlebenswillen, besitze ich auch. Selbst wenn ich keine Lust mehr habe, wenn ich aufgeben und aufhören will zu schwimmen, schreit mich mein Überlebenswille an und sagt mir „Schwimm weiter". Ich kann mich nicht gezielt untergehen lassen. Dafür ist mein eigener Überlebenswille zu stark. Gewissermaßen MUSS ich kämpfen."

Wow... Diese Aussage saß. Sprachlos stand ich mit offenem Mund da. Schlagfertige Argumente hatte diese kleine Person eindeutig und dazu war ihre Argumentation noch ziemlich gut. Wäre sie nicht so verrückt und anders, hätte sie in der Politik bestimmt gute Chancen.

5. Drahtseilakt

„Leben mit Borderline ist eine ewige Gratwanderung zwischen allen möglichen Extremen der Gefühlswelt. Für Menschen mit dieser Diagnose ist es nicht einfach, die Balance zwischen diesen Extremen zu finden und zu halten, aber es ist möglich. Mit der Zeit kann man lernen, damit umzugehen und zurechtzukommen. Man gewöhnt sich daran, dass man sich auf einem schmalen Grat bewegt und lernt, wo man seine Füße hinsetzen kann und wo nicht. Komm, ich zeig dir etwas dazu, damit du es besser nachvollziehen kannst", sagte sie und griff erneut voller Eifer nach meiner Hand.

Wie beim ersten Mal begann sich auch dieses Mal, direkt nachdem sich ihre Hand um die meine geschlossen hatte, alles um mich herum zu drehen, und vor meinen Augen wurde es schwarz. Wieder hatte ich das Gefühl, in ein unendlich tiefes Loch zu stürzen und jeglichen Halt und Orientierung zu verlieren.

Als ich kurz darauf meine Augen öffnete, befand ich mich gemeinsam mit der Bordi auf der Zuschauertribüne eines Zirkuszeltes. In der Mitte der Manege war ein Hochseil aufgebaut, über das ein leicht bekleideter Seiltänzer balancierte.

„Siehst du den Artisten dort oben auf dem Hochseil?", fragte sie und deutete dabei auf den Seiltänzer.

„So wie er sich gerade auf dem dünnen Seil über den Abgrund bewegt, bewege ich mich mein gesamtes Leben auf einem schmalen Grat zwischen den Extremen meiner Gefühlswelt. Bei jedem Schritt muss ich aufpassen, nicht das Gleichgewicht zu verlieren, abzurutschen, in einen der Abgründe zu stürzen und mit voller Wucht auf den Boden aufzuschlagen. Egal, was ich sage, denke, fühle oder tue, alles ist ein Balanceakt auf einem sehr schmalen Grat.

Der Abstand zwischen den Extremen zu viel und gar nichts, zwischen schwarz und weiß, gut und böse ist bei mir kaum breiter als das Seil des Hochseilartisten. Jeder Fehltritt und jeder noch so kleine Windstoß kann mir somit zum Verhängnis werden und mich zum Absturz bringen", begann sie zu erklären.

„Der Unterschied zwischen dem Seiltänzer im Zirkus und zu mir ist jedoch, dass sich der Artist lediglich für die Zeit der Vorführung auf dem dünnen Drahtseil bewegt, und das freiwillig, und ich muss es den gesamten Tag über mein komplettes Leben lang, ob ich will oder nicht. Mich hat nie jemand gefragt, ob ich Seiltänzer werden möchte. Jeder Tag, jede Stunde und jede Minute sind bei mir ein unfreiwilliger Tanz auf einem Drahtseil. Außerdem hat ein Artist im Zirkus häufig den Vorteil, dass bei solchen Vorführungen meistens ein Fangnetz unter dem Seil gespannt ist, das ihn im Notfall auffängt, falls er doch einmal das Gleichgewicht verliert und in die Tiefe stürzt – das habe ich in den wenigsten Fällen. Wenn ich abrutschte, knalle ich auf den Boden."

Die Bordi machte eine kurze Pause, in welcher sie sehr nachdenklich wirkte.

„Nichtsdestotrotz haben der Seiltänzer, der seinem Beruf freiwillig nachgeht und ich, der zwangsläufig dazu gezwungen wird, tagtäglich auf einem Hochseil zu balancieren, auch einige Gemeinsamkeiten: Ein Hochseilartist muss – genauso wie ich – jahrelang dafür trainieren, um einigermaßen sicher über ein Drahtseil laufen zu können. Auch er wird besonders in der Anfangszeit beim Trainieren mehr als nur einmal das Gleichgewicht verloren haben und vom Seil abgerutscht sein. Vielleicht hat er in dieser Zeit genauso wie ich das Drahtseil verflucht und gedacht, dass er es nie schaffen wird, mit einer gespielten Leichtigkeit darüber zu laufen. Bestimmt war er das ein oder andere Mal in seiner Ausbildung kurz davor zu verzweifeln, weil er sich bei einem Sturz wehgetan hat oder er bei einer bestimmten Übung immer wieder und wieder abgerutscht ist. Doch offensichtlich hat er dennoch nicht alles hingeschmissen und ist nach jedem Fehlversuch wieder aufgestanden und hat weitergeübt, sonst würden wir ihn sehr wahrscheinlich nicht hier sehen. Und genau das ist die Kunst im Leben. Es ist wahnsinnig anstrengend und kostet eine Menge Geduld, aber es ist wichtig – vielleicht auch das Wichtigste überhaupt – nach jedem Sturz wieder aufzustehen und es erneut zu versuchen! Man darf niemals aufgeben! Irgendwann schafft es jeder, sein Gleichgewicht so gut unter Kontrolle zu haben, dass die Stürze seltener werden und man sich zunehmend sicherer auf dem Seil bewegen kann. Gewiss erfordert das eine Menge Übung – aber wie man sieht, ist es nicht unmöglich."

Eine Weile betrachteten wir beide fasziniert den Artisten, der mit einer spielerischen Leichtigkeit über das Hochseil zu schweben schien. Obwohl es den Anschein hatte, dass es recht einfach war, über das Seil zu balancieren, wusste ich genau, dass ich keinen einzigen Schritt auf diesem Hochseil schaffen würde. Bei dem Seiltänzer sah das alles so mühelos und locker aus, doch in Wirklichkeit steckten hinter dieser Vorführung jahrelange harte Arbeit, Übung und gezielte Konzentration.

„Jedoch darf man nie vergessen, dass auch ein erfahrener Seiltänzer mal sein Gleichgewicht verlieren und abstürzen kann. Selbst nach jahrelanger Übung kann es passieren, dass man aus Versehen seinen Fuß falsch aufsetzt, und abrutscht."

Als ob es die Bordi mit ihren Worten heraufbeschworen hätte, begann der Artist auf dem Drahtseil in diesem Moment zu schwanken und rutschte ab. Laut fluchend fiel er unelegant in das Fangnetz, das unter ihm aufgespannt war. Er war sichtlich verärgert und wütend.

„Genauso wie der Seiltänzer im Zirkus, werde auch ich gute Tage haben, an denen ich sicher über das dünne Drahtseil laufe und kaum nach rechts und links schwanke, aber im Gegensatz dazu wird es auch Tage geben, an denen ich sehr stark schwanke und es mir, so wie dem Artisten gerade, sehr schwerfällt, mein Gleichgewicht zu halten, und ich womöglich abrutsche. Vielleicht kommt mir an diesen Tagen dann eine helfende Hand zur Hilfe und hält mich fest oder ich finde sonst irgendwo Halt, doch vielleicht werde ich an solchen Tagen auch abrutschen und zu Boden stürzen. Wenn ich Pech habe, knalle ich dabei mit voller Wucht auf einem steinernen Boden auf und verletze mich sogar. Trotzdem bin ich mir sicher, dass mich selbst so doofe Tage nicht davon abhalten, es erneut zu versuchen. Je nachdem, wie schmerzhaft der Aufprall war und welche Verletzungen ich davongetragen habe, werde ich entweder unmittelbar danach wieder aufstehen oder ich bleibe kurz liegen, um neue Kraft zu tanken und es nach ein paar Tagen erneut zu versuchen. Nie, niemals werde ich liegen bleiben und aufgeben! Ich habe nur dieses eine Leben und es ist verdammt schwer, mit den Problemen, die ich habe, zu leben, das kann ich nicht verleugnen – doch die Diagnose Borderline zu haben, ist kein Grund, kampflos aufzugeben und sein Leben direkt hinzuschmeißen. Ich werde immer weiterkämpfen und mich nicht wegen so ein paar blöden Gespenstern in meinem Kopf geschlagen geben."

Bei den letzten Sätzen hatte sie ein kleines Lächeln im Gesicht, und an ihrer Stimme konnte ich hören, dass sie das, was sie sagte, verdammt ernst meinte. Ohne dass ich mich dagegen wehren konnte, wuchs mein Respekt vor diesem kleinen, zerzausten Menschen mit jedem weiteren Satz, den sie sagte. Ich war beeindruckt, mit welchem Lebenswillen und Lebensmut sie trotz ihrer Problematiken durchs Leben ging. Normalerweise lobte ich niemand anderen als mich selbst, doch in diesem Moment konnte ich nicht anders.

6. Ein Leben voller Berge und Täler

„Mich fasziniert dein Überlebenswille. Egal, wie oft du am Boden liegst – du scheinst immer wieder aufzustehen und nie an Kraft zu verlieren. Dein Mut scheint keine Grenzen zu kennen und dein Wille unzerstörbar zu sein", teilte ich ihr meine Bewunderung mit.

„Auch wenn du es alles andere als einfach im Leben hast, verfällst du nicht in Selbstmitleid oder steckst deinen Kopf in den Sand, sondern kämpfst aktiv gegen deine Probleme an. Das finde ich extrem mutig und stark von dir. Schließlich könntest du auch sagen, dass das alles keinen Sinn mehr hat, ich schmeiß das Handtuch und gebe mich und mein Leben auf, oder ich überlasse es anderen Personen, mein Leben wieder auf die Reihe zu bekommen, doch das tust du nicht. Du kämpfst selbst und nimmst eigenständig dein Leben in die Hand. Damit hast du einigen gesunden Menschen eindeutig etwas voraus."

Die Bordi lächelte beschämt: „Ich versuche mein Bestes. Es ist nicht leicht und erst recht nicht selbstverständlich für mich, jeden Morgen aufzustehen und zu denken, dass heute ein super Tag wird, oder nach einem Tiefschlag daran zu glauben, dass alles wieder gut wird. Das erfordert strikte Selbstdisziplin. Einerseits muss ich mir selbst sagen, dass es keinen Menschen gibt, bei dem das Leben perfekt und gradlinig verläuft, und andererseits muss ich mir gleichzeitig selbst in den Hintern treten und mich teilweise dazu zwingen, jedes noch so kleine positive Ereignis bewusst wahrzunehmen und daraus Kraft zu ziehen und mich wieder nach oben zu kämpfen. Das heißt, ich muss eine Art Mitte finden, zwischen: Ab und zu sind Rückschläge normal und ich muss sie akzeptieren. Und: Stopp, jetzt muss ich das Ruder herumreißen und darf nicht weiter abrutschen. Diesen Übergangspunkt zu finden ist eine Herausforderung. Speziell, wenn man gerade dabei ist abzurutschen. Dann neigt man gerne dazu, sich hinter seinem Selbstmitleid zu verstecken und damit noch weiter in die Tiefe zu ziehen, darin bin ich leider sehr gut.

Das andere, gegensätzliche Extrem, in dem ich ebenfalls (leider) ziemlich gut bin, ist, mir bei einem Absturz einzureden, dass ich noch alles unter Kontrolle habe, obwohl bereits so gut wie alles, außer Kontrolle geraten ist. In solchen Situationen verschließe ich die Augen vor der Realität und gehe davon aus, dass alles nicht so schlimm ist und sich noch im Rahmen hält, obwohl ich in Wirklichkeit schon kurz vor einer Kollision mit dem Boden stehe. Aber das ist ein anderes Thema. Komm, ich zeige dir etwas, womit du eher etwas anfangen kann."

Ehe ich mich versehen konnte, griff sie ein weiteres Mal nach meiner Hand und wieder wurde alles schwarz. Als ich jetzt meine Augen öffnete, befand ich mich am Fuße eines steilen Gebirges.

So langsam gewöhnte ich mich an diese durchaus seltsame Art zu reisen, aber woran ich mich noch nicht gewöhnt hatte, waren die sprunghaften Gedanken der Bordi. In einem Moment waren wir hier, im nächsten Moment dort; was sie gerade sagte, war im nächsten Moment schon abgeschlossen. Ein bisschen chaotisch und teilweise verwirrend eben. Aber dennoch mochte ich die Bordi mit ihrer Art. Sie war auf eine positive Weise „verrückt", und das wiederum machte sie irgendwie sympathisch und liebenswert.

„Wenn man sich mein Leben bildlich vorstellt, würde es ungefähr so aussehen", begann die

Bordi, den Sinn seiner Reise an genau diesen Ort zu erläutern.

„So wie dieses Gebirge Berge und Täler hat, hat auch jeder Mensch seine Höhen und Tiefen. Zeiten, in denen alles gelingt, man kaum oder gar keine Sorgen, Probleme oder Schwierigkeiten hat und man glücklich ist, sind die Höhen. Und Phasen, in denen alles schief zu gehen scheint, man nichts zustande bringt, alles, was man anfängt, im Chaos endet, man traurig, frustriert und deprimiert ist, sind die Tiefen oder Täler im Leben. Wie bei diesem Gebirge hier geht es bei jedem Menschen im Leben auf und ab. Mal ist ein Berg ein bisschen höher und mal ist ein Tal ein bisschen breiter, doch im Grunde genommen ist es relativ ausgewogen.

Für jeden Menschen – egal, ob Borderliner oder nicht – ist der Aufstieg zu den Berggipfeln jedes Mal anstrengend und beschwerlich. Bis man den Gipfel erreicht hat, kostet es meist viel Kraft und Energie, und unter Umständen dauert es auch eine Weile, bis man sein Ziel erreicht hat. Je nachdem, wie viel Ausdauer oder Kraft man besitzt oder wie schwer das aktuelle Gepäck ist, das man momentan auf seinem Rücken trägt, kann es sein, dass man hin und wieder

Pausen auf dem Weg nach oben einlegen muss, um neue Energie zu tanken. Der anschließende Weg hinab ins nächste Tal hingegen ist einfach und kostet nur wenig Mühe. Ohne Anstrengung scheinen einen die eigenen Füße immer weiter zu tragen und es läuft wie von selbst. Ist man dann unten im Tal angekommen, macht man sich entweder direkt an den nächsten Aufstieg oder man setzt sich erst einmal auf eine Bank oder an einen Tränensee und ruht sich aus. Wie im wahren Leben dauert ein Aufstieg in der Regel mindestens doppelt so lange wie ein Abstieg, und ebenfalls wie in der Realität gleicht kein Berg dem anderen. Jeder Gipfel ist eine Herausforderung für sich, und jeder Berg hat seine speziellen Schwierigkeiten. Bei manchen Bergen ist der Weg glitschig und man rutscht leicht ab, bei anderen scheint sich der Weg nach oben wie Gummi zu ziehen, und wiederum andere Berge sind extrem steil. So weit ist es bei allen Menschen gleich. Jedoch gibt es trotzdem einen entscheidenden Unterschied zwischen den Bergen und Tälern von Borderline-Betroffenen und gesunden Menschen. Der Höhenunterschied zwischen Berg und Tal ist bei Betroffenen nämlich um ein Vielfaches größer als bei Nicht-Betroffenen. Wenn bei einem Nicht-

Borderliner der Höhenunterschied zwischen Berg und Tal so groß ist wie bei der Zugspitze und Neuendorf, dann ist er bei Borderlinern so extrem, wie der Höhenunterschied zwischen Mount Everest und Marina Graben. Also um ein unvergleichbar Vielfaches größer."

In Gedanken stellte ich mir den Höhenunterschied der beiden, von der Bordi genannten Beispiele vor: „Wow. Und ich dachte bis jetzt, dass der Unterschied zwischen einem guten und einem schlechten Tag bei mir schon enorm sei. Aber wenn ich mir deinen Vergleich vorstelle, dann wirkt dieser Abstand ziemlich mickrig. Das ist krass!"

Die Bordi nickte: „Ja. Wenn ich glücklich bin, dann bin ich nicht einfach nur glücklich, sondern direkt überglücklich, und wenn ich traurig bin, bin ich nicht einfach nur traurig, sondern direkt zu Tode betrübt und am Boden zerstört. Dadurch, dass ich durch Borderline meine Gefühle um ein Vielfaches stärker wahrnehme als zum Beispiel du, und zusätzlich eh zu Extremen neige, ist es eigentlich kaum verwunderlich, dass meine Berge höher und meine Täler tiefer sind als bei anderen Menschen. Daran kann ich nur schwer etwas ändern, ich muss es akzeptieren und das

Beste daraus machen. Inzwischen genieße ich es zum Teil sogar, so viel und so extrem zu fühlen.

Vor einigen Jahren habe ich es noch als eine Art Bestrafung angesehen, so sensibel zu sein, doch mittlerweile sehe ich es eher als eine Art Begabung. Ich genieße das Gefühl, wenn ich glücklich und zufrieden bin – und wenn ich am Tal am Boden bin, dann muss ich eben aufstehen und weiterkämpfen. Wie ein Bergsteiger kämpfe ich mich Stunden, Tage, Wochen und manchmal sogar monatelang Meter für Meter den nächsten steilen Berg hinauf, um zu sehen, welche Aussicht ich von diesem Gipfel aus habe. Bei jedem Schritt denke ich mir: Wofür tue ich das eigentlich und so gut wie bei jedem Aufstieg denke ich mindestens einmal daran, wieder umzukehren und den einfachen, leichten Weg zurück ins Tal zu nehmen – aber wenn ich es dann trotz aller Anstrengungen und Schwierigkeiten auf den Gipfel geschafft habe, bin ich unwahrscheinlich stolz auf mich. Die Aussicht von dort oben ist atemberaubend, und jedes Mal aufs Neue wird mein Körper mit Glückshormonen durchflutet. Das Gefühl, das ich dort verspüre, ist nicht in Worte zu fassen."

Ihre Augen leuchteten.

„Doch leider weiß ich auch, dass meine Zeit auf dem Gipfel begrenzt ist. Ich kann nicht ewig dort oben bleiben und die Aussicht genießen. So kommt es, dass ich meistens schneller, als ich eigentlich möchte, wieder den Abstieg antreten muss. Bevor ich jedoch gehe, visiere ich mir häufig schon mein nächstes Ziel an. Schließlich gibt es im Gebirge noch jede Menge andere Berge, die auch noch bezwungen werden wollen."

Sie grinste und fügte hinzu: „Ich bin nämlich ein Bergsteiger und fühle mich am wohlsten, wenn ich auf einem Berg stehe oder gerade dabei bin, einen neuen Berg zu bezwingen. Im dunklen Tal fühle ich mich nicht wohl. Zwangsläufig muss ich die Täler bei meiner Durchreise zum nächsten Berg durchqueren, aber das heißt nicht, dass ich nicht auf sie verzichten könnte!"

Beeindruckend, wie sie bei ihren Themen meilenweit ausholte, doch zum Schluss immer wieder zuverlässig zum ursprünglichen Ausgangsthema zurückfand! Kurzzeitig hatte ich ja gedacht, dass sie bei einem komplett anderen Thema wäre, als sie plötzlich vom Bergsteigen redete, aber diese Annahme war wohl falsch. Überhaupt konnte dieses kleine, zerlumpt aussehende Mädchen sehr gut erklären. In der wahren Welt hätte ich sie vermutlich links liegen gelassen und vollständig ignoriert, doch gerade war ich wirklich froh, sie auf der Straße angesprochen zu haben. Ich gebe es nur äußerst ungern zu, aber bereits jetzt hatte sie mich schon einiges gelehrt. Teilweise konnte ich mich in einigen ihrer Beschreibungen sogar wiedererkennen.

7. Komplizierte Beziehungen

„Auf eine gewisse Weise habe ich so durch die Diagnose Borderline gelernt, jeden Moment in meinem Leben zu genießen. Wenn ich jetzt gerade im Moment glücklich bin, kann das im nächsten Moment schon wieder anders sein. Ich kann heute noch auf einem Gipfel stehen und morgen schon im Tal an einem Tränensee sitzen. Ich weiß nie, was kommt", erzählte sie weiter.

„Jahrelang habe ich mir deshalb den Kopf darüber zerbrochen, wann der nächste Tiefschlag kommt, wie ich ihn verkrafte und wie lange es wohl dauern wird, bis ich das nächste Mal einen Gipfel erreichen werde und mir damit die schönen Momente in meinem Leben teilweise genommen oder zerstör habe. Denn was bringt es mir, wenn ich gerade eine gute Phase habe und schon wieder an den kommenden Abstieg denke? Wenn ich eine Angst davor entwickle, wie meine Zukunft aussehen wird? Das sind lediglich unnötige Gedanken, die mich daran hindern, mich an den aktuellen, guten Momenten zu erfreuen.

Klar weiß ich, dass es lediglich eine Frage der Zeit ist, wann ich ins nächste Tal geschickt werde, doch das versuche ich so lange wie möglich auszublenden. Ich versuche, darüber glücklich zu sein, wo ich aktuell stehe, und mir nicht den Kopf darüber zu zerbrechen, wo ich nächste Woche liegen könnte."

„Das ist eine gute Einstellung", lobte ich sie.

„Wie du bereits gesagt hast, man weiß schließlich nie, wann einem das Leben den nächsten Tiefschlag versetzt und aus der Bahn wirft. Jeder schöne Moment kann im nächsten Augenblick vorbei sein. Das Leben und erst recht das Schicksal sind unberechenbar."

„Genau", antwortete die Bordi und blickte dabei gedankenverloren in die Ferne.

„Vor allem, wenn man so wie ich sowieso schon zu Extremen und Gegensätzen in seiner Gefühls- und Gedankenwelt neigt. Bei mir dauert es keine fünf Sekunden, bis meine Stimmung von super toll und gut zu total bescheiden und am Boden zerstört abrutscht. Innerhalb von drei Sekunden kann mein ursprünglicher Optimismus restlos in abgrundtiefe Depression und Frustration umschlagen."

„Puh!", schnaufte ich.

„Ich möchte ganz ehrlich nicht mit dir tauschen. Gefühle, die Achterbahn fahren, entweder gar nichts fühlen oder um ein Vielfaches stärker, als andere Menschen die eigenen Gefühle wahrnehmen, regelmäßig von einer Welle von Gefühlen überrollt werden, ständig aufpassen zu müssen, nicht das Gleichgewicht zu verlieren und in einen Abgrund zu stürzen, höhere Berge und tiefere Täler als normale Menschen im Leben zu haben. Das klingt ziemlich kompliziert und enorm nervenaufreibend!"

„Ja, das ist es auch!", antwortete sie und ergänzte noch im selben Atemzug: „Aber, wie bereits schon bei der Achterbahn gesagt, sind meine Diagnose und die Auswirkungen meiner extremen, wechselhaften Gefühls- und Gedankenwelt nicht nur für mich anstrengend und belastend, sondern auch für die Menschen in meinem Umfeld. Weil ich auch in zwischenmenschlichen Beziehungen leider zu Extremen und Widersprüchen neige. Zusätzlich habe ich noch starke Verlassensängste und fast ununterbrochen Angst davor, dass mich meine Freunde/Familie/Partner plötzlich aus irgendeinem Grund nicht mehr lieben könnten. Allgemein zweifle ich sehr häufig an meinem persönlichen Wert und meiner Daseinsberechtigung. Das sind alles Faktoren, die für eine Beziehung nicht gerade förderlich sind. Hinzu kommen dann noch meine tollen Gefühlsschwankungen, mein Schwarz-weiß-Denken und meine ungeplanten Gefühlsausbrüche. Das sorgt im Gesamtpaket dafür, dass es sowohl für mich als auch für mein Gegenüber so gut wie unmöglich ist, eine anständige, stabile Beziehung aufrechtzuerhalten.

So wie meine Gefühle in Sekundenschnelle von vollkommen glücklich zu total am Boden zerstört abrauschen können, kann ich auch mein Gegenüber in einem Moment noch lieben und im nächsten Moment schon auf den Mond schießen wollen.

Eine einzige falsche Reaktion, ein falscher Blick oder eine unpassende Geste kann dazu führen, dass ich die Person, die ich eben noch abgöttisch geliebt und beinah schon vergöttert habe, beleidige und dahin schicke, wo der Pfeffer wächst. Personen, die mir wichtig sind, liebe ich über alles. Sie sind für mich fast so wichtig wie die Luft zum Atmen, doch gleichzeitig sind das meist auch die Menschen, die ich mit meinen

Worten und Taten am schwersten bewusst oder unbewusst verletze. Ständig brauche ich in einer Beziehung die Bestätigung von meinem Gegenüber, dass er mich gerne hat und so mag, wie ich bin.

Bekomme ich diese Bestätigung nicht, fühle ich mich sofort wertlos und schlecht und beginne mich in Gedanken selbst niederzumachen. Dadurch sinkt mein sowieso kaum vorhandenes Selbstwertgefühl unter den Nullpunkt.

Außerdem kann eine klitzekleine Verhaltensveränderung von meinem Gegenüber, die ich falsch auslege, dafür sorgen, dass ich wahnsinnige Verlassensängste bekomme. Zum Beispiel fühlt sich eine Absage von einer geliebten Person, der bei dem geplanten Treffen ein anderer, wichtigerer Termin dazwischengekommen ist, für mich wie ein Weltuntergang an.

Ein anderer Mensch würde in solch einer Situation einfach sagen: „Schade, aber ist o. k. Wir sehen uns ja nächste Woche wieder. Aber bei mir beginnt bei solch einer Absage unmittelbar mein Kopfkino damit, sich einen eigenen Film zusammenzuspinnen. Ich bekomme das Gefühl, dass mich die Person hasst, und deshalb den Termin abgesagt hat und rede mir ein, dass ich es nicht wert bin, dass man sich mit mir trifft. Also kurz gesagt: Ich rutsche durch solch eine belanglose ‚Kleinigkeit' direkt in eine Abwärtsspirale und rede alles um mich herum und besonders meine eigene Persönlichkeit schlecht."

Sie machte eine Pause beim Reden, um neue Luft für noch weitere Sätze zu holen. Diese kurze Pause nutzte ich aus, um die vielen Informationen, die sie mir gerade mitgeteilt hatte, zu ordnen: „Du brauchst also die ständige Bestätigung, Aufmerksamkeit, Anerkennung und das Lob anderer Personen, um dich gut und wohlzufühlen, da dein eigenes, persönliches Selbstbild sehr schlecht ist. Bekommst du nicht diese positiven Rückmeldungen von außen, fühlst du dich schlecht und denkst, dass du wertlos und nicht liebenswert bist. Verstehe ich das richtig? Du machst also dein eigenes Selbstbild von dem abhängig, was dir andere rückmelden? Außerdem bist du in Beziehungen genauso sprunghaft wie mit deinen Gefühlen. Einmal liebst du dein Gegenüber und möchtest ihn oder sie auf keinen Fall verlieren und im nächsten Moment beleidigst du ihn oder sie und beendest die Freundschaft."

„Ja... Jain... Nicht direkt, aber es stimmt", antwortete sie mit sehr aussagekräftigen Worten.

„Ja, ich mache mein Selbstbild nicht gerade wenig abhängig von dem Lob und der Anerkennung anderer. Das liegt vermutlich daran, dass ich selbst nicht dazu in der Lage bin, mein eigenes Ich zu lieben. Deshalb brauche ich die Liebe anderer, um mich geliebt zu fühlen. So weit hast du also recht. Und auch in dem zweiten Punkt hast du nicht ganz unrecht, doch so einfach, wie es auf den ersten Blick scheint, ist es nicht.

Manchmal erdrücke ich Menschen, die ich mag und die mir etwas bedeuten, förmlich mit meiner Liebe und enge sie total ein. Am liebsten möchte ich jede Minute mit ihnen zusammen sein. Ich brauche dann ihre Nähe und ihre Liebe – gleichzeitig kann ich diese Nähe jedoch nicht gut aushalten und bekomme Panik.

Denn wenn ich Nähe und Vertrauen zulasse oder eine Beziehung zu einer Person aufbaue, dann kann ich von ihr verletzt werden. Davor habe ich Angst. Im Klartext heißt das: Ich möchte umarmt, aber nicht angefasst werden. Da das so allerdings nicht geht, kommt es zu einer Art ‚Fehlermeldung' in meinem Gehirn.

Eine Stimme in mir sagt, dass ich das Gefühl gemocht zu werden, genießen soll, und die andere Stimme schreit: ‚Oh, oh! Du zeigst gerade eine verletzbare Seite von dir. Pass auf! Gleich bekommst du genau in diesen verwundbaren Teil von dir einen Schlag versetzt. Und wenn ich Pech habe, kommt dazu noch eine dritte Stimme, die mir penetrant ins Ohr flüstert, dass ich es nicht verdient habe, gemocht zu werden. Dass ich wirklich denke, dass ein Versager, wie ich Freundschaft verdient hat. Diese drei Stimmen, die eigentlich keine richtigen Stimmen, sondern nur Gedanken in meinem Kopf sind, reden dann wild durcheinander und sorgen mit ihren Diskussionen für Chaos und im schlimmsten Fall für einen Kurzschluss.

Aus Angst vor zu viel Nähe, Furcht davor, verletzt zu werden, aber teilweise auch aufgrund meines Schwarz-weiß-Denkens und meiner Stimmungsschwankungen, passiert es so leider immer wieder, dass ich bei einem Wutausbruch eine geliebte Person anschreie, verfluche, beschimpfe oder gar nach ihr schlage beziehungsweise trete. Eben war noch alles gut, und im nächsten Augenblick habe ich, meist wegen einer Kleinigkeit einen Wutausbruch und schieße wild um mich. Diese Reaktion wird allerdings nicht bewusst von mir ausgeführt. In solchen Momenten verliere ich meist die Kontrolle über meine Handlungen.

Wie in einem Film sehe ich von außen zu und denke mir, was ich, da schon wieder für einen Unsinn mache, kann aber nicht aktiv eingreifen und etwas an meinem Verhalten ändern oder es stoppen. Machtlos muss ich mir mein mehr als unpassendes Verhalten mit ansehen und zuschauen, wie ich alles und jeden, der mir auch nur im Entferntesten im Weg steht, niedermache.

Mein Kopf und mein Verstand sind in solchen Momenten sozusagen *out of order*. Ich will mich nicht so verhalten, aber bin unfähig, etwas daran zu ändern."

Sie schniefte.

„Das Paradoxe an der Sache ist, dass ich in solchen Augenblicken die Personen, die ich eigentlich liebe, hasse. Ich tue im Grunde genommen alles dafür, um sie spüren zu lassen, wie sehr ich sie gerade verabscheue, und drücke sie förmlich von mir weg. Gleichzeitig könnte ich es jedoch nie ertragen, wenn sich die Person wirklich umdrehen und gehen würde. Nach außen hin bin ich ein Arschloch, das ausstrahlt:

Ich hasse euch alle und verpisst euch aus meinem Leben! Ich will alleine sein und brauche euch nicht mehr.

Doch innerlich schreie ich in solchen Augenblicken lediglich nach Liebe. Mein Wutanfall ist sozusagen ein Schrei nach Liebe, einer Umarmung und einem *Ich mag dich* trotzdem. Bloß versteht das kaum jemand. Die meisten Leute in meinem Umfeld denken, dass ich meine Wutanfälle sehr wohl steuern kann und dass ich willentlich so fies bin. Sie verstehen nicht, dass ich in solchen Momenten die Kontrolle über mich und mein Handeln verliere. Das ist für sie nicht nachvollziehbar. Selbst wenn ich ihnen im Anschluss versuche zu erklären, dass solche Wutanfälle und aggressives Verhalten von mir nicht ernst gemeint sind, sondern eher ein Austesten sind, ob sie mich wirklich lieben, schauen sie mich nur ungläubig an, und an ihrem Blick kann ich genau erkennen, dass sie wahrscheinlich denken, dass ich einen Knall habe. Und wenn ich ehrlich bin, verstehe ich sie zum Teil auch. Wäre ich an ihrer Stelle, würde ich vermutlich ähnlich reagieren. Denn wer lässt sich schon gerne anschreien und zwei Sekunden später von ein und derselben Person umarmen?

Und wenn mir dann noch diese Person diesen Wutanfall als eine Art Liebesbeweise verkaufen würde, würde ich sehr wahrscheinlich auch erst einmal denken: Die hat doch einen Sprung in der Schüssel!"

„Das ist tatsächlich schwer nachzuvollziehen", musste ich zugeben.

„Mittlerweile kenne ich dich ja ein kleines Bisschen und du hast mir schon einiges über dich und deine Diagnose erzählt, aber ich wüsste auch nicht, wie ich reagieren würde oder sollte, wenn du mich plötzlich anschreist. Vermutlich wäre ich erst einmal verwundert und würde gar nicht verstehen, was gerade abläuft, aber dann würde ich mich sehr wahrscheinlich ebenfalls umdrehen und gehen. Aber dich in diesen Momenten zu verlassen, ist falsch, hast du gesagt, oder? Wie soll man als ‚normaler' Mensch deiner Meinung nach sonst reagieren? Also, ich meine, du kannst nicht verlangen, dass dein Gegenüber sich alles von dir gefallen lässt. Schließlich ist er ebenfalls ein Mensch mit Gefühlen und kein Punchingball. Diagnose *Borderline* hin oder her, so etwas rechtfertigt es nicht, andere Menschen grundlos niederzumachen."

Meine letzten Worte mussten die Bordi relativ hart getroffen haben. Eine kleine Träne rollte über ihre Wange und tropfte das Kinn hinunter. Kurzzeitig bekam ich dadurch etwas Mitleid mit ihr. Dennoch wollte ich meine zuvor getroffene Aussage nicht zurückziehen. Ich wollte sie nicht in ihrem „falschen" Verhalten bestätigen.

Nachdem noch eine zweite und eine dritte Träne über ihre Wangen gekullert waren, schluchzte sie:

„Das stimmt. Meine Diagnose rechtfertigt mein fieses Verhalten nicht, aber es ist der Auslöser. Ich denke, als Freund/Verwandter/Partner eines Borderline-Betroffenen sollte man wissen, dass solche grundlosen Wutausbrüche mit anschließender Umarmung leider eine typische Verhaltensweise von Betroffenen sind, die nicht so einfach abzustellen ist. Das ist keinesfalls eine Entschuldigung, aber es macht es vielleicht für Nicht-Betroffene einfacher, es nachzuvollziehen. Außerdem sind klare Ansagen, so wie du sie gerade gemacht hast, sehr wichtig. Das, was du mir gerade gesagt hast, hat mich an einem wunden Punkt getroffen und mir wehgetan – aber ich weiß, dass du recht hast. Solange du deine Kritik konstruktiv äußerst, nicht beleidigend wirst und ehrlich widerspiegelst, was du denkst und fühlst, ist das eine Bereicherung für mich und ich kann daran wachsen."

Sie wischte sich die restlichen Tränen aus dem Gesicht.

„Allgemein habe ich gelernt, dass in jeder zwischenmenschlichen Beziehung – egal, ob mit einem Borderliner oder nicht – Gespräche ein wahres Wundermittel sind. Wenn es Probleme, Sorgen, Bedenken etc. gibt, sollte man sich in einer ruhigen Minute gemeinsam an einen Tisch setzen und darüber reden. Jeder sollte die Gelegenheit haben, die Dinge, die ihn stören, offen anzusprechen und seine Gefühle zu äußern. Am Anfang mag das etwas schwer sein, und besonders, wenn das Gegenüber ein Borderline-Betroffener ist, kann es vorkommen, dass die Emotionen hochkochen, aber aus Erfahrung kann ich sagen, dass es trotzdem für beide Seiten besser ist, die Dinge anzusprechen, als sie in sich hineinzufressen. Weil Schweigen lässt kleine Problemchen irgendwann zu gigantischen Problemen anwachsen, Reden hingegen hilft oftmals bei der Problemlösung."

8. Die Kunst, ein Stachelschwein zu umarmen

„Mit etwas Geduld und ein paar Gesprächen findet man vielleicht dann auch eine Lösung dafür, wie eine zwischenmenschliche Beziehung mit einem kompliziert denkenden und fühlenden Borderlinerin für beide Seiten angenehm gestaltet werden kann", führte die Bordi seine Aussage zu dem ursprünglichen Ausgangsthema zurück.

„Besonders in der Familie oder einer Partnerschaft ist es eine gute Idee, sich gemeinsam einen Plan zu überlegen, wie man sich verhalten sollte, wenn eine gewisse Situation eintritt. Sozusagen im übertragenen Sinne ein Anwenderhandbuch für die Beziehung und den Umgang miteinander. Dort kann jeder seine Bedürfnisse hineinschreiben, und gemeinsam kann man eine Regel finden, wie diese Bedürfnisse befriedigt werden können und sich gleichzeitig trotzdem jeder wohlfühlt."

„O. k.", antwortete ich ihm mit einem aufmunternden Lächeln im Gesicht, „einen Tisch sehe ich hier jetzt nicht und leider fehlen uns hier auch die Stühle zum Hinsetzen, aber ich versuche es trotzdem einmal: Wie soll ich mich deiner Meinung nach verhalten, wenn du mich anschreist? Wie soll ich auf deine Wutausbrüche reagieren? Oder gibt es vielleicht sogar eine Möglichkeit, deine Wutausbrüche zu umgehen und zu verhindern?"

Einen kurzen Moment wirkte sie nachdenklich. Mit dieser Frage hatte sie offensichtlich nicht gerechnet.

„Verhindern kann ich diese Wutausbrüche, glaube ich, nicht. Dafür gehören sie zu fest zu mir. Indirekt sind diese Überreaktionen ein Teil meines Charakters. Dadurch, dass ich alle Gefühle um ein Vielfaches stärker wahrnehme, verspüre ich auch meine Wut um ein Vielfaches stärker.

Deshalb wird es immer wieder passieren, dass ich wegen einer, aus Sicht nicht-betroffener Menschen, Kleinigkeit vollkommen explodiere. Meine extremen Gefühle kann ich nicht abstellen. Das geht nicht. Aber ich kann lernen, anders mit diesen Gefühlen umzugehen und somit anders, nicht ganz so extrem, zu reagieren. Ich kann sozusagen lernen, die Explosion einzudämmen.

Zum Beispiel habe ich mir mittlerweile angewöhnt, eine Situation zu verlassen, bevor ich komplett die Kontrolle über mein Handeln verliere. Zwar werde ich häufig trotzdem doof angeschaut, wenn ich mitten in einem Gespräch scheinbar grundlos aufstehe und den Raum verlasse, doch wenn ich komplett ausrasten und meine Stacheln ausfahren würde, würde ich noch doofer angeschaut werden. Dadurch, dass ich die Situation vermeide, deeskaliere ich die Lage und kann mich beruhigen. So kann ich nach wenigen Minuten schon wieder zurückkommen und sachlich erklären, wieso ich gerade gehen musste. Meistens funktioniert diese Technik von mir inzwischen relativ gut, und wenn ich doch mal diesen Punkt, an dem ich meine Explosion noch verhindern kann, überschreite, hilft es mir, wenn die Person, mit der ich gerade aneinandergerate, aufsteht und geht. Wobei hier für mich sehr wichtig ist, dass sie mir sagt, dass sie, sobald ich mich wieder beruhigt und meine Gefühle wieder eingefangen habe, zurückkommt. Das ist sehr, sehr wichtig. Ansonsten bekomme ich nämlich starke Verlustängste, und das würde die Situation nur noch weiter eskalieren lassen."

„Also aufstehen und gehen ist in Ordnung, solange man dir das Gefühl gibt, dass man dich nicht komplett verlässt und alleine lässt, sondern nur abwarten will, bis du dich wieder beruhigt hast?", fragte ich noch mal nach, um sicherzugehen, dass ich sie richtig verstanden hatte.

„Ja, das ist es. Das ist für mich die allerbeste Lösung. So kann ich meine Wut rauslassen, schreien, fluchen und schimpfen, ohne dass ich jemanden verletze und wenn ich mich anschließend wieder beruhigt habe, ist alles wieder in Ordnung und ich kann mit der Person sachlich über den Vorfall sprechen oder es einfach sein lassen. In solchen Sachen bin ich nicht sonderlich nachtragend. Sobald meine Gefühle zurück auf einem normalen Level sind, ist für mich die vorherige Eskalation abgeschlossen."

„Genauso schnell, wie deine Gefühle und deine Stimmung nach unten abrauschen, können sie kurz darauf auch wieder in die Höhe schießen", lächelte ich sie provokant an.

Beschämt lächelte sie zurück.

„Ja. Man mag es kaum glauben, aber in manchen Fällen hat meine Achterbahn der Gefühle ab und zu Vorteile. Bei einem ‚normalen‘ Menschen kann es vorkommen, dass er wegen solch einer Auseinandersetzung den gesamten Tag mies gelaunt wäre. Das ist bei mir nicht der Fall. Wobei man dazu sagen muss, dass alle

Borderliner zwar dieselbe Diagnose und somit ähnliche Denk-, Verhaltens- und Reaktionsweisen besitzen, aber dennoch sind alle Borderline-Betroffenen, weiterhin Individuen. Das heißt, dass was ich über mich erzähle, kann bei vielen Borderlinern genauso sein – muss es aber nicht. So wie jeder Mensch unterschiedlich ist, ist auch jeder Borderline-Betroffene anders."

„Hmm, ich glaube, eine Sache habt ihr aber alle gemeinsam", entgegnete ich ihr.

„Mit einem von euch befreundet zu sein, ist eine Herausforderung und kann unter Umständen ganz schön kompliziert sein!"

Sie grinste „Das ist gut möglich. Der Vergleich mag zwar jetzt vielleicht etwas verrückt klingen, aber wer mit einem Bordi befreundet ist, der muss die Kunst beherrschen, ein Stachelschwein zu umarmen."

Als sie diesen Satz sagte, musste ich laut loslachen, und auch die Bordi konnte sich ein breites Grinsen nicht verkneifen.

„Ja, das meine ich ernst", versuchte sie ihre eher lustig klingende Aussage zu untermauern.

„Ein Stachelschwein ist nicht immer stachelig. Wenn es entspannt und friedlich ist, sind seine Stacheln angelegt. Da kann man es problemlos streicheln und in den Arm nehmen, ohne sich zu verletzen. Wird es jedoch zornig oder fühlt sich bedroht, stellt es seine Stacheln auf und geht auf Angriff um sich zu verteidigen.

So wird aus dem ehemals friedlichen und harmoniebedürftigen Stachelschwein ein Tier, dem man besser nicht zu nahekommen sollte.

Versucht man es jetzt zu berühren, wird man sich sehr wahrscheinlich an den spitzen Stacheln verletzen. Die Kunst ist es nun, das Tier soweit zu beruhigen, dass es seine Stacheln wieder anlegt und man es gefahrlos anfassen kann.

Wenn man genügend Übung, ausreichend Geduld, sehr viel Einfühlungsvermögen und den richtigen Blick hat, um zu erkennen, wo man es anfassen kann, auch wenn es seine Stacheln ausgefahren hat, ist es sogar möglich, das Stachelschwein in diesem Zustand zu umarmen, um es so zu beruhigen.

Dabei muss man allerdings äußerst vorsichtig sein und darf keine Angst haben, verletzt zu werden. Schafft man das, wird man zu einem sehr guten Freund des stacheligen Tieres, dem es irgendwann bedingungslos vertrauen wird. Ein angriffslustiges Stachelschwein mit aufgestellten

Stacheln zu umarmen, ist nämlich eine besondere Fähigkeit, die nicht jeder beherrscht."

„Und wenn das Stachelschwein gerade auf Angriff aus ist und sich nicht beruhigen lässt, lasse ich es in Ruhe, bis es wieder von alleine seine Stacheln anlegt und friedlich wird", ergänzte ich die Erklärung.

„Genau", bestätigte sie.

„Auf keinen Fall darfst du das Stachelschwein in die Enge treiben oder ihm ebenfalls aggressiv begegnen. Sonst geht es erst recht auf Angriff über, und das könnte das vorhandene Problem noch erheblich vergrößern! Mit einem Stachelschwein, das sich in sein eigenes aggressives Verhalten hineinsteigert, ist nicht zu spaßen! Da können ihm Schimpfworte und Beleidigungen einfallen, die du noch nie in deinem Leben gehört hast. In Fluchen und Toben sind sie echte Weltmeister.

Aber ich kann dir noch einen kleinen Tipp verraten, wie du ein Stachelschwein mit ausgefahrenen Stacheln ganz leicht aus dem Konzept bringst und es vielleicht auch ganz schnell wieder friedlich stimmen kannst. Wenn es gerade dabei ist, zu toben und zu fluchen, bleibst du einfach ruhig und unbeeindruckt und entgegnest auf seine nicht ganz netten Worte, dass, egal, was du sagst und was du tust – ich mag dich trotzdem. Dann kann es passieren, dass das Stachelschwein plötzlich wieder ganz friedlich und lieb wird.

Denn eigentlich sind Stachelschweine ganz liebe, zutrauliche und verschmuste Tiere, die keiner Fliege etwas zuleide tun können. Nur manchmal müssen sie ihre gefährlichen Stacheln zeigen, um zu schauen, ob sich ihr Gegenüber davon beeindrucken lässt und die Flucht ergreift oder ob er oder sie ein wahrer Freund ist und selbst dann bleibt, wenn es mal ein bisschen kritisch wird."

„Wow. Ich wusste gar nicht, welch sensible Tiere Stachelschweine sind", zog ich sie auf, wobei sie meine Provokation gekonnt ignorierte.

„Du weißt, wie ich es meine", konterte sie und fügte hinzu. „Wichtig für die Angehörigen, Freunde und Partner eines Borderline-Betroffenen ist, dass sie sich bewusst sind, dass ein Borderliner in solchen Momenten nicht bewusst oder gezielt handelt. Und aus eigener Erfahrung kann ich sagen, selbst, wenn man in solchen Augenblicken geliebte Menschen zum Mond schießt, steigt man spätestens in die nächste Rakete, um sie von dort zurückzuholen."

9. Selbstverletzendes Verhalten

„Und ich dachte immer, Borderliner sind Menschen, die depressiv in der Ecke sitzen und sich ritzen", gestand ich der Bordi.

„Aber wenn ich mir das alles so anhöre, muss ich feststellen, dass viel mehr hinter der Krankheit steckt."

„Das glauben sehr viele Menschen, dass die Diagnose ausschließlich aus ‚Ritzen' und Selbstverletzung besteht",

klärte sie mich auf, „da bist du keine Seltenheit. Doch wie du bereits festgestellt hast, ist Borderline vielschichtiger. Es sind nicht nur die vernarbten Arme, die die Diagnose ausmachen, sondern es ist die gesamte Denkweise, die Art, Gefühle wahrzunehmen, und die Weise, wie Betroffene damit umgehen und wie sie sich verhalten. Sich selbst zu verletzen oder der Drang, sich selbst zu schädigen, ist nur ein einzelnes Symptom, das noch nicht einmal zwangsläufig mit der Diagnose einhergehen muss. Zwar verletzt sich ein Großteil der Betroffenen selbst – jedoch bei Weitem nicht alle. Genauso kann man nicht sagen, dass eine Person, die sich selbst verletzt, direkt ein Borderliner ist. Es gibt nämlich noch eine ganze

Reihe weiterer psychischer Erkrankungen, bei denen selbstverletzendes Verhalten mit auftauchen kann. Zum Beispiel neigen auch stark traumatisierte Menschen oder Leute mit Depressionen dazu, sich über Schmerz spüren zu wollen. Und diese Menschen haben nichts mit Borderline am Hut. Dementsprechend ist es falsch, die Diagnose Borderline mit Ritzen oder anderen selbstverletzenden Verhaltensweisen gleich zu setzen."

„O. k., wieder etwas dazu gelernt", antwortete ich der „Erklärbärin" Bordi.

„Ich dachte, dass Borderline die einzige Erkrankung ist, bei der Selbstverletzung auftritt. In den Medien wird es zumindest immer so hingestellt, dass sich nur Borderliner selbst verletzen, und dass alle, die sich selbst verletzen, unter Borderline leiden. Dass auch ein Trauma zu solchen Symptomen führen kann, ist mir jetzt neu. Doch bekanntlich lernt man nie aus."

„Ja, das ist im Fernsehen oder in Zeitschriften typisch. Fast überall wird Borderline mit Ritzen gleichgesetzt und umgekehrt. Dadurch verhärten sich die sowieso bereits vorhandenen Vorurteile gegenüber der Diagnose leider nur noch mehr", erklärte sie weiter.

„Die Medien repräsentieren bedauernswerterweise sehr häufig ein falsches Bild der Diagnose und sorgen – gewollt oder ungewollt – dafür, dass allgemein ein falsches Bild von Borderline in der Gesellschaft herrscht. Das ist schade und hilft den Betroffenen keinesfalls weiter, sondern sorgt lediglich dafür, dass sie oft gegen falsche Vorannahmen ankämpfen müssen und noch mehr Steine in den Weg gelegt bekommen, als sie sowieso schon in ihrem Leben haben.

Doch teilweise verstehe ich die Medien und die Gesellschaft auch ein bisschen und kann mir zumindest, das eine oder andere Vorurteil erklären beziehungsweise herleiten. Die Grundlage der meisten Vorurteile ist schlichtweg Unwissenheit. Diese Grundlage ist bei Borderline auf jeden Fall gegeben.

Des Weiteren kommt hinzu, dass Borderline etwas Psychisches ist. Also kann man es nicht greifen. Es ist da, aber man sieht es nicht. Verletzt sich allerdings ein Mensch selbst, ist diese Verletzung greifbar. Somit kann ein Außenstehender vermeintlich verstehen, was die Person hat. Das, was im Kopf und in den Gedanken der Person abläuft, bleibt jedoch weiterhin unsichtbar. Aus diesem Grund ist es für den Außenstehenden offensichtlich nicht da. Was aber nicht heißt, dass die Wunden an den Armen das einzige Problem sind, mit dem die betroffene Person zu kämpfen hat.

Deshalb sage ich nur, vermeintlich verstehen. Es ist also eine Art, wie sich Unwissende etwas erklären wollen, was für sie nicht erklärbar ist. Somit entsteht die Annahme, Borderliner ist gleichzusetzen mit zerschnittenen Armen. Denn die Wunden sind das, was jeder ohne größere Anstrengung oder Vorwissen sehen kann. Und davon abgesehen sind zerschnittene Arme das, was man am besten in einem Film oder Video oder auf Fotos oder in Berichten zeigen kann.

Das Chaos, die Widersprüche und die extremen Gefühle, die ein Borderliner wahrnimmt, kann man schlecht verbildlichen oder in ein paar Sätzen zusammenfassen. Es ist viel leichter und schneller, ein paar Verletzungen zu zeigen, um den Zuschauern klar zu machen, dass die Person ein psychisches Problem hat oder Borderliner ist, als wenn man andere – eigentlich charakteristischere Symptome – zeigt."

Diese faszinierende und gleichzeitig logische Erklärung haute mich mal wieder um. Egal, was die Bordi sagte oder erklärte – sie verstand es, es so zu erklären, dass alles einen Sinn ergab. Sie verpackte alle Informationen so, dass selbst ich, der ursprünglich keine Ahnung von Psyche, Borderline und Co. hatte, alles verstand. Das war genial!

„Jetzt habe ich aber trotzdem noch eine Frage", versuchte ich, sie vorsichtig auf ein ganz bestimmtes Thema anzusprechen, das mich bereits eine ganze Weile beschäftigte.

„Ich weiß nicht, wie ich es formulieren soll und ich will dir mit der Frage nicht zu nahe treten", suchte ich die richtigen Worte.

„Aber was ich nicht verstehe, ist, wieso verletzen sich Menschen überhaupt selbst? Ich meine, das muss doch wehtun? Wieso macht man so etwas? Wenn ich mir deine Arme anschaue, sind das ja keine oberflächlichen Kratzer mehr, sondern tiefe Schnitte, die geblutet haben. Ich will dir damit wirklich nicht zu nahetreten, aber für mich ist es unvorstellbar und absurd, sich selbst Schmerzen zuzufügen. Dass ein Mensch so etwas freiwillig macht, geht mir nicht in den Kopf. Ich verstehe es einfach nicht."

Schlagartig wurde der eben noch so optimistische Blick des Bordis sehr traurig. Ich konnte sehen, wie sie mit aller Kraft gegen ihre Tränen ankämpfen musste.

„In solchen Momenten scheint es mir, dass Selbstverletzung der einzige Ausweg für mich ist. Es ist wie ein Drang, dem ich nicht entkommen kann. Ich habe das Gefühl, dass in mir ein wahnsinniger Druck herrscht, und wenn ich diesen nicht loswerde, dass ich explodiere. In mir haben sich dann sämtliche Gefühle angestaut und drohen mich jeden Moment zu zerreißen. Dummerweise fehlt mir ein natürliches Ventil, mit dem ich einen Teil der aufgestauten Gefühle ablassen und somit einen Druckausgleich schaffen könnte. Dementsprechend brauche ich die Selbstverletzung beziehungsweise den Schmerz, um wieder auf ein normales Drucklevel zu kommen."

Sie überlegte kurz und fuhr anschließend fort.

„Stelle dir einen großen, verschlossenen Behälter vor, in welches Gas eingefüllt wird. Dieser Behälter ist mein Körper und das Gas sind meine Gefühle, Gedanken und Empfindungen. Nun wird immer mehr und mehr Gas in diesen Behälter gepustet. Es kommt ein bisschen Angst dazu, eine große Portion Wut, ein paar Selbstzweifel, ein Becher Traurigkeit, ein Portiönchen Hoffnung und so weiter. Kurz: Irgendwann ist dieser Behälter randvoll. Es geht nichts mehr hinein. Trotzdem kann man die Gaszufuhr von außen nicht abstellen. Es kommt immer noch mehr dazu.

Hinzu kommt, dass du mit Entsetzen feststellen musst, dass du nicht nur die Gaszufuhr nicht abdrehen kannst, sondern dazu auch das Ablassventil, das den Behälter eventuell entlasten könnte, zudem ebenfalls noch kaputt ist. Machtlos musst du mit zusehen, wie sich der Behälter aufbläht und ausdehnt.

Doch aus Erfahrung weißt du, dass auch damit bald Schluss ist. Wenn du jetzt nicht schnellstmöglich etwas findest, womit du den Behälter entlasten und etwas Druck ablassen kannst, wird er explodieren. Wenn du Pech hast, ist die Gasmischung aus Gefühlen, die sich in dem Behälter befindet, sowieso schon von alleine hochexplosiv. Dann ist es noch gefährlicher. Jeder noch so kleine Funken kann dann einen halb vollen Behälter schon in die Luft jagen.

Aber im Grunde genommen ist es eigentlich auch egal, was sich in dem Behälter befindet.

Fakt ist, wenn er explodiert, gibt es eine riesige Zerstörungswelle. Und das gilt es zu verhindern. Das wiederum bedeutet, dass man ein ‚künstliches' Druckablassventil einsetzen muss, um den Druck und somit die Explosionsgefahr zu verringern. Dieses ‚künstliche' Ventil ist für mich die Selbstverletzung. Wenn ich bildlich gesehen ein kleines Loch in die Hülle des Behälters steche, kann ich Luft ablassen. Durch den Schmerz, den ich durch die Selbstverletzung verspüre, scheint sämtlicher Ballast und Druck von mir abzufallen. Wenn ich mich zuvor wie gefangen in meinem eigenen Körper gefühlt habe, fühle ich mich danach unendlich leicht und befreit. Manchmal nehmen mir meine vielen Gedanken, Gefühle und Empfindungen die Luft zum Atmen und ich habe das Gefühle, dass ich kaum noch Luft bekomme, und wenn ich dann die Klinge ansetze, löst sich dieser Druck und mir geht es wieder gut.

Zudem ist die Selbstverletzung auch ein Ausdruck meines Hasses gegen mich selbst. Funktioniert etwas nicht so, wie ich es gerne hätte, werde ich schnell aggressiv. Diese Aggression richtet sich nichtselten gegen mich selbst und meinen eigenen Körper. Zusätzlich ist der Schmerz eine Möglichkeit für mich, meinen eigenen Körper zu spüren. Wenn ich gar keine Gefühle wahrnehme, ich mich wie tot fühle, und mir nicht sicher bin, ob ich überhaupt noch ,da' bin oder alles nur Traum ist, zeigt mir der Schmerz, dass ich noch lebe. Er holt mich zurück in die Realität.

Also, wie du siehst, gibt es viele unterschiedliche Gründe, wieso ich mich selbst verletze. Deshalb erzählt auch jede Narbe an meinem Körper ihre eigene Geschichte. Jede Narbe ist sozusagen eine Erinnerung für mich an einen Moment in meinem Leben, an dem ich mehr gefühlt habe, als ich vertragen konnte; an dem ich verzweifelt war, nicht mehr weiterwusste, der mich geprägt oder mich auf eine sonstige Weise wortwörtlich berührt und gezeichnet hat."

„O. k., das sind Argumente", entgegnete ich ihr.

„Verstehen, wieso Menschen zur Klinge greifen und sich selbst in den Arm schneiden, werde ich wohl nie, doch durch deine Erklärung kann ich es zumindest teilweise nachvollziehen. Soweit möchte ich dir nicht widersprechen. Aber, was ich nicht nachvollziehen kann, ist, wieso du Schmerz als befreiend empfindest. Schmerz löst in mir eigentlich das Verlangen aus, solche Situationen zu meiden und nie wieder zu tun. Selbstverletzung als Selbstbestrafung einzusetzen, kann ich ja noch teilweise nachvollziehen, doch um Druck abzulassen und sich frei zu fühlen? Da gibt es sicherlich bessere Methoden, als sich ins eigene Fleisch zu schneiden!"

Die Bordi runzelte die Stirn, als ob sie nicht ganz wüsste, was sie nun antworten sollte.

„O. k., ich sehe schon. Ich muss ein bisschen ausholen", seufzte sie.

„Zuerst einmal: Methoden, wie sich ein Mensch selbst Schaden und Verletzungen zufügen kann, gibt es viele. Ritzen, also das Aufschneiden oder Aufritzen von Haut mit einem spitzen Gegenstand, ist die bekannteste und vermutlich meist genutzte Methode. Diese Verletzungen sind wohl auch die, die man als Nicht-Betroffener am ehesten erkennt. Allerdings gibt es noch gefühlte 100 weitere Möglichkeiten, sich selbst Wunden oder Schmerzen zuzufügen. Zum Beispiel kann man sich mit einem Feuerzeug, Zigaretten, heißem Wasser oder sonstigen heißen Gegenständen Verbrennungen zufügen, mit eigenen Fingernägeln die Haut aufkratzen, den Kopf oder andere Körperteile gegen eine Wand schlagen, Sport bis zur völligen Erschöpfung treiben und so weiter. Um es krass und sarkastisch zu sagen: Der Fantasie und der Kreativität sind hier keine Grenzen gesetzt. Wenn sich ein Mensch selbst Schaden zufügen will, wird er sehr erfinderisch. Da kann auch ein einfaches Deospray plötzlich zur Waffe gegen den eigenen Körper werden. Des Weiteren kann man nicht verallgemeinern, dass man alle Selbstverletzungen zwangsläufig am Körper des Betroffenen sehen muss.

Wenn man sich mit eigenen Gedanken beispielsweise selbst niedermacht, sich gezielt etwas verbietet, worauf man sich lange gefreut hat, geplant das Essen und Trinken auf bedenklich wenige Mengen rationiert oder komplett weglässt oder sich zwanghaft tagelang wachhält, sieht man diese ‚Verletzungen' nach außen hin nicht.

Es fließt kein Blut und es entsteht keine Wunde, doch die Person schadet sich damit trotzdem selbst. Dementsprechend sind solche ‚unsichtbaren' selbstschädigenden Verhaltensweisen zumindest einmal selbst*schädigend*, und wenn man die Spuren, die solche Verhaltensweisen nicht selten auf der Seele und dem psychischen Befinden der Person hinterlassen, als Verletzung ansieht, kann man sogar sagen, dass es auch zu Selbst*verletzungen* gezählt werden kann. So viel zu dem Thema ‚Methoden der Selbstverletzung'. Natürlich könnte ich dir allein über diesen Themenabschnitt noch eine ganze Stunde lang einen Vortrag halten, doch ich denke, dieser kleine, grobe, aber dennoch informative Überblick reicht dir zunächst, um den Hintergrund zu verstehen. Deshalb nun zu den Gründen.

Mit dem Behälter, der immer mehr und mehr mit Gas gefüllt wird, habe ich dir ja bereits erklärt, wie ich mich bei einer Selbstverletzung fühle. Die Selbstverletzung und der Schmerz sind sozusagen mein Ventil, um Druck oder Stress abzulassen. Ich denke, das dürfte dir bereits klar sein. Deine Frage bezieht sich vermutlich auf das Warum. Du willst wissen, wieso ich den Schmerz als Ventil benutze und nicht etwas anderes."

„Genau", bestätigte ich sie.

„Boa", schnaufte sie.

„Diese Frage ist echt heftig, und ich weiß nicht, ob du es verstehen wirst. Ich verstehe es zum Teil selbst nicht, und das verständlich in Worte zu fassen, wird eine Herausforderung. Aber ich versuche es. Ich bin kein Mediziner und auch kein studierter Psychologe, deshalb versuche ich es so zu beschreiben, wie es sich für mich als Betroffener anfühlt.

Ich denke, die Grundproblematik, wieso viele Borderline-Betroffene zu selbstverletzendem Verhalten neigen, besteht in der extremen Weise, wie Betroffene ihre Gefühle wahrnehmen. Dadurch ist der Stresspegel deutlich höher als bei gesunden Menschen. Das, was einen Hauch von Verzweiflung bei einem Nicht-Betroffenen auslöst, kann bei einem Borderliner schon dazu führen, dass er heulend am Boden liegt. Der Behälter eines Borderliners ist also deutlich schneller voll. Das ist das Problem Nummer eins.

Das zweite Problem ist, dass Borderline-Betroffenen das natürliche Ventil fehlt, den Druck auf andere Art und Weise abzubauen. Ein Nicht-Betroffener weiß: Wenn es ihm nicht gut geht, kann er dies oder jenes machen, um die Anspannung zu lindern.

Aber bei Borderlinern ist das nicht ganz so einfach. Die innerliche Anspannung ist von jetzt auf gleich auf hundert und der innerliche Druck ist so unangenehm und beklemmend, dass man JETZT, SOFORT etwas ändern muss. Da kommt dann das impulsive Handeln dazu. Wenn die Gefühle und die innere Anspannung ein gewisses Level überschritten haben, setzt das Denken aus und ich handele nach meinem

Gefühl. Der Verstand sagt zwar: ‚Ey, du weißt schon, dass Selbstverletzung dein Problem nicht löst und dir nicht guttut.' Und das Gefühl sagt: ‚Ich will Erleichterung, und zwar schnell! Entweder du machst was oder ich explodiere, oder du erstickst an deinen Gefühlen'. Also greife ich auf das zurück, was mir hilft. Den Schmerz."

Sie machte eine kurze Pause, in der sie mein verwirrtes Gesicht musterte.

„O. k. Ich versuche es noch einfacher: Du hast nachts einen Albtraum. Wild rollst du dich im Schlaf hin und her. Dein Herz rast und du fürchtest dich davor, gleich von einem wilden Monster angefallen und verschluckt zu werden.

Wenn ich dich jetzt feste in den Oberarm kneife, wachst du auf und stellst erleichtert fest, dass alles nur ein Traum war. Zwar wirst du später über den blauen Fleck am Oberarm fluchen, aber zunächst bist du erst einmal froh darüber, dass ich dich geweckt habe.

Ein anderes Beispiel: Du tobst vor Wut, bist stinksauer und verfluchst die ganze Welt. Ich komme vorbei und trete dir ans Schienbein. Du schreist kurz auf, vergisst das Fluchen und worüber du dich gerade geärgert hast und bist zumindest kurzzeitig nicht mehr damit, sondern mit dem Tritt und dem schmerzenden Schienbein beschäftigt. Verstehst du das?", fragte sie in einem mittlerweile leicht flehenden Ton.

Ich lächelte beschämt und wurde rot. Tatsächlich hatte ich immer noch keine Ahnung, was sie mir gerade erklärte. Ich stand auf dem Schlauch.

„Leider nein", entschuldigte ich mich. „Ich habe keine Ahnung, wieso du mich kneifst oder ans Schienbein trittst."

Leicht genervt antwortete sie mir: „Das musst du auch nicht verstehen."

Diese Aussage verwirrte mich nun noch mehr. Erst fragt sie mich etwas, und dann will sie die Antwort doch nicht wissen?!

„Du denkst zu kompliziert. Der Grund, wieso ich dich kneife oder trete, ist egal. Es geht darum, was der Schmerz mit dir macht. Der Schmerz sorgt nämlich dafür, dass du kurzzeitig alles um dich herum vergisst. Der Schmerz tritt in den Vordergrund und deine ursprünglichen Gefühle sind kurz Nebensache", deckte sie das Rätsel auf. „Und genau so geht es mir in den Situationen, in denen ich an Selbstverletzung denke. Ich will mit dem Schmerz meine anderen Gefühle überdecken."

Jetzt ging mir ein Licht auf! Plötzlich machte das, was sie gesagt hatte, alles einen Sinn! Ich war begeistert. Der Knoten in dem Schlauch, auf dem ich stand, hatte sich gelöst!

„Ah. Ich verstehe. Der Schmerz lenkt dich ab und überdeckt andere Gefühle, die du aktuell nicht fühlen willst."

„Ja, genau", lobte sie mich sichtlich erleichtert, dass ich ihre Erklärung zumindest bis hierhin verstanden hatte.

„Der Schmerz ist eine Art *Notaus* in meinem Kopf, der kurzzeitig alle anderen Gedanken und Gefühle in mir herunterfährt, betäubt und ausblendet. Doch nicht nur deshalb mag ich ihn und empfinde ihn in Stresssituationen als erleichternd. Das zweite Positive an dem selbst beigebrachten Schmerz ist, dass er Glückshormone in mir freisetzt. Im ersten Moment passen Schmerz und Glück nicht zusammen, doch wenn man einen kurzen Blick in die Evolutionsgeschichte der Menschheit und die Medizin wirft, macht auch diese eher merkwürdig klingende Aussage Sinn.

Wenn früher ein Mensch in der Steinzeit von einem Tiger angegriffen wurde, hat er nicht ´aua´ gesagt, seine Wunde begutachtet und gesagt, dass sie oder er jetzt nicht mehr jagen kann. Der Tiger hat ihn in den Oberschenkel gebissen, er blutet und das tut weh. Er hat den Schmerz gar nicht wirklich wahrgenommen, hat seine Beine in die Hand genommen und ist geflohen oder hat gegen den Tiger gekämpft.

Durch den Schmerz und den Stress ist im Körper des Steinzeitmenschen Adrenalin freigesetzt worden, das ihm für eine kurze Zeit unwahrscheinliche Kräfte und Schmerzfreiheit bescherte. Ihm ging es somit der Situation entsprechend ‚sehr gut'. Erst nach und nach, wenn das Adrenalin in seinem Blut abgebaut war, kam der Schmerz zu ihm durch und er kippte um.

So, beziehungsweise so ähnlich, ist das bei mir auch, wenn ich mich selbst verletze. Zuerst spüre ich kurz den Schmerz, den die Verletzung bei mir verursacht. Dieser Schmerz löst den Notausschalter in meinem Gehirn aus, und ich fühle nur noch den Schmerz und alle anderen Gedanken und Gefühle treten in den Hintergrund. Der Druck fällt von mir ab und der mit Gas gefüllte Behälter wird entlastet. Nach ein bis zwei Minuten oder manchmal auch etwas später, beginnt dann auch das durch den Schmerz freigesetzte Adrenalin in meinem Blut zu wirken. Der Schmerz lässt nach und ich fühle mich fast wie schwerelos. Obwohl ich blute und ich vom Kopf her weiß, dass die Wunde an meinem Arm oder Bein eigentlich schmerzen sollte, geht es mir gut. Dieses Gefühl, das ich dabei spüre, ist wie ein Rausch. Ich fühle mich losgelöst, frei und unbefangen. Es ist, als wenn jede Selbstverletzung eine ganze Welle von Glückshormonen in meinem Körper freisetzt. Vom Verstand her weiß ich zwar, dass Selbstverletzung meine Probleme nicht löst, doch von meinem Empfinden und meiner Gefühlswelt her gibt es kein anderes Mittel, das mich so zuverlässig und so schnell von meiner Anspannung herunterholt und negative Gefühle und Denkweisen abtötet."

„Also ist der Schmerz von der Selbstverletzung wie eine Droge für dich?", hakte ich nach.

„Ja. So könnte man es sagen", antwortete sie mit trauriger Stimme.

„Selbstverletzung ist keine Droge im herkömmlichen Sinne, aber trotzdem macht das Gefühl, das man nach der Selbstverletzung spürt, auf eine gewisse Weise abhängig. Deshalb kann man von jemandem, der sich über einen längeren

Zeitraum selbst verletzt hat, nicht verlangen, dass er von heute auf morgen damit aufhört. Um selbstschädigendes Verhalten zu unterlassen, muss man erst eine Art Entzug machen, bei dem man lernt, seinen Druck und seine Anspannung anders herauszulassen. Auf eine gesunde Weise, die dem Körper nicht schadet. Zum Beispiel mit Sport, Spaziergängen, einem Igelball, einem Knautschball, durch ein Entspannungsbad oder Ähnliches."

„O. k. Eine Frage habe ich noch", hängte ich mich noch mal an ihre Aussage an. „Merkst du denn als Betroffener, dass dein Verhalten falsch ist, wenn du dich selbst verletzt? Oder ist es für dich normal, dir bei Stress oder Anspannung selbst wehzutun?"

„Sowohl als auch", antwortete sie.

„Auf gewisse Weise ist es für mich ein logisches Verhalten, dass ich meine Probleme, Sorgen und Anspannungen mit Schmerz bekämpfe – wieso soll ich schließlich das unterlassen, was mir hilft?! Und auf der anderen Seite weiß ich ganz genau, dass dieses Verhalten ungesund oder sogar krankhaft ist. Es ist so ein Zwischending. Auf der einen Seite möchte ich den Druck in meinem Inneren loswerden, auf der anderen

Seite weiß ich, dass Selbstverletzung meine Probleme lediglich verschiebt oder zum Teil sogar noch verschlimmert. Denn eine Dauerlösung ist der Schmerz nicht. Wie eine Droge verliert der Schmerz nämlich ebenfalls irgendwann an Wirkung und die kalte Realität trifft einen erneut wie ein Faustschlag ins Gesicht. Das positive Gefühl, das der Schmerz auslöst, hält meist nur wenige Stunden an, und danach kommen direkt alle negativen Gedanken und Gefühle und zudem noch das schlechte Gewissen, dass man mal wieder in falsche Verhaltensmuster verfallen ist, zurück."

Ihre Miene wirkte sehr angespannt. Offensichtlich ging ihr dieses Thema sehr nahe. Ihre Muskeln waren steif und sie spielte mit ihren Händen nervös an ihrem Pulloverärmel herum. Trotzdem wirkte sie gefasst und reflektierend.

Nie hätte ich von mir gedacht, dass ich das jemals über jemand anderen denken würde, aber diese Bordi beeindruckte mich mit ihrer mentalen Stärke. Ich bewunderte sie für ihre Offenheit und Bereitschaft, selbst über solch für schwere Themen zu reden. Anstatt abzublocken, um sich selbst zu schützen, ging sie in die Offensive und öffnete sich. Ohne, dass sie mich wirklich kannte, zeigte sie mir ungeschützt ihre „nackte" Seele und ihre verwundbarsten Stellen. Das schaffte nicht jeder. Wahrscheinlich war sie sich selbst ihrer Stärke nicht bewusst, doch diese Offenheit und die Gefahr einzugehen, dass das Gegenüber diese Offenheit ausnutzt, um sie anzugehen, und sie zu verletzen, war eine Eigenschaft, die nur die stärksten Persönlichkeiten besaßen.

„Selbstverletzung ist ein verdammter Teufelskreis!", unterbrach sie mich plötzlich mit leicht aggressiver Stimme meine bewundernden Gedanken ihr gegenüber.

„Das positive Gefühl, das der Schmerz auslöst, ist eine tückische Endlosschleife. Er lässt zwar den Druck und die innere Anspannung (kurzzeitig) verschwinden, aber die eigentlichen Probleme, die dafür verantwortlich sind, bleiben bestehen. Aus diesem Grund ist es häufig nur eine Frage der Zeit, wann die innere Anspannung erneut hochkocht und die nächste Selbstverletzung folgt!"

Durch das Fluchen wurde ihr Kopf knallrot.

„Überhaupt ist so vieles im Leben ein Teufelskreis! Einmal damit angefangen, kommt man nicht mehr davon los! Von Psychologen und Ärzten bekomme ich mehrmals die Woche gesagt, dass ich lernen muss, alternative Verhaltensweisen zu erlernen, um meine Gefühle und Anspannung zu regulieren. Ich soll lernen, mir selbst Gutes zu tun, nicht so hohe Ansprüche an mich selbst zu haben, meine Wut auf eine gesunde Weise herauszulassen, meine Gefühle zu kontrollieren und so weiter. Also alles das, was ein normaler Mensch bereits in seinen ersten Lebensjahren gelernt hat! Das, was für andere Menschen selbstverständlich ist, muss ich mir in mühevoller Kleinarbeit über Jahre hinweg aneignen. Das ist doch nicht gerecht?"

In ihren Augen sammelten sich Tränen. Tränen der Wut und vermutlich auch der Verzweiflung. Das erste Mal seit einer gefühlten Ewigkeit verspürte ich so etwas wie starkes Mitgefühl. Mir tat diese kleine, zerlumpte Gestalt, die gerade vor mir stand, leid. Am liebsten hätte ich sie in den Arm genommen und getröstet. Doch soweit wollte ich dann doch nicht gehen. Ich hatte bis jetzt schon genügend Gefühle gezeigt und wollte es nicht direkt übertreiben. Schließlich musste ich zumindest nach außen hin wenigstens noch ein bisschen Härte ausstrahlen.

10. Wer bin ich?

„Komm mit. Ich zeige dir noch etwas", sagte die Bordi, die sich plötzlich, genauso schnell, wie ihr Wutanfall gekommen war, wieder abgeregt hatte. Ihr Gesicht war nicht mehr rot vor Wut und ihre Stimme klang ebenfalls wieder friedlich, fast schon hoffnungsvoll.

Bevor ich überhaupt realisieren konnte, was gerade passierte, griff sie nach meiner Hand, erneut wurde mir schwarz vor Augen und ich schien in ein bodenloses Loch zu fallen.

Ich glaube, diese Art zu reisen, werde ich nie wirklich als angenehm empfinden. Als ich meine Augen öffnete, war mir total schwindelig, und selbst nach ein paar Sekunden hatte ich noch das Gefühl, dass der Boden unter meinen Füßen schwankte. Das Karussell in meinem Kopf drehte sich noch eine ganze Weile weiter.

Nachdem ich mein Gleichgewicht einigermaßen wiedergefunden hatte und mir nicht mehr ganz so schwindelig war, versuchte ich mich in der neuen Umgebung zu orientieren.

Wir schienen in einem alten Schloss zu sein. Zumindest sahen die hohen Wände und die prunkvoll verzierten Fenster danach aus. Der

Raum an sich war riesig. Die Länge von der einen zur anderen Seite betrug mindestens 20 Meter, der Raum war ebenfalls nicht gerade schmal. Außer einem riesigen Spiegel, der unmittelbar vor mir und der Bordi an der ansonsten kahlen Wand hing, war der Raum jedoch komplett leer. Schon seit Jahren schien niemand mehr hier gewesen zu sein. Der Boden war mit einer Staubschicht bedeckt, die Fenster waren teilweise eingeschlagen und an manchen Stellen an der Wand fiel sogar schon der Putz ab. Keine Ahnung, was sie mir hier zeigen wollte. Außer dem Spiegel, der jetzt auch nicht so beeindruckend war, gab es hier nichts zu entdecken.

„Was soll ich hier?", fragte ich meine Begleiterin, die mit leicht zusammengekniffenen Augen den Spiegel betrachtete, so als ob sie irgendetwas darin suchen würde.

Ohne sich zu mir umzudrehen oder ihren Blick weniger angestrengt wirken zu lassen, antwortete sie mir: „Was siehst du in dem Spiegel?"

Verwundert und irritiert von dieser Gegenfrage schaute ich zuerst in den Spiegel, dann zu ihr, dann noch mal in den Spiegel, und dann ein weiteres Mal zu ihr. Nun war ich komplett verwirrt.

„Was soll ich sehen? Da bist du und nebenan stehe ich. Unser Spiegelbild eben. Mehr nicht."

„Kannst du die Person im Spiegel – explizit dich – beschreiben? Sagen, wer sie ist, was ihre Interessen sind, was sie gerne mag, was sie gut kann etc.?", fragte sie weiter.

Noch immer ahnungslos und irritiert von dieser seltsamen Umgebung und den noch seltsameren Fragen antwortete ich: „Klar kann ich das! Die Person im Spiegel bin schließlich ich selbst. Mein Spiegelbild ist nichts anderes als mein Körper. Nur, weil ich mich selbst im Spiegel sehe, werde ich ja nicht zu einer anderen Persönlichkeit."

„Siehst du", begann sie, mich über die aktuelle Situation aufzuklären.

„Das ist ein kleiner, aber bedeutender Unterschied zwischen uns. Du weißt, wer du bist und was du willst. Ich habe damit Schwierigkeiten. Wenn ich in den Spiegel schaue, sehe ich eine mir fremde Person. Aus Erfahrung weiß ich zwar, dass ich selbst diese Person bin, trotzdem kommt mir mein Spiegelbild völlig unbekannt vor. Es ist, als ob ich im Spiegel nicht mich, sondern jemand Fremden sehe. Ich kenne diese Person nicht. Zwangsläufig begegnen wir uns zwar tagtäglich und laufen uns schon mein gesamtes

Leben lang gezwungenermaßen über den Weg, aber dennoch haben wir uns noch nie richtig kennengelernt, geschweige denn, Freundschaft geschlossen. Ich habe keine Ahnung davon, wer diese Person ist und was sie ausmachen könnte. Wir kommen miteinander aus, aber mehr auch nicht. Beziehungsweise manchmal noch nicht einmal das.

An manchen Tagen fühle ich mich von dieser Person im Spiegel richtig belästigt. Ich hasse sie und schreie sie an, dass sie mich endlich in Ruhe lassen und verschwinden soll. Doch sie bleibt unbeeindruckt und schreit zurück. Egal, was ich mache und was ich versuche, sie ,verfolgt' mich. Es ist unmöglich, vor ihr oder besser gesagt vor mir selbst zu fliehen. Es ist, wie wenn ich versuche vor meinem eigenen Schatten davon zu laufen. Ich renne und renne, aber egal, wie schnell ich renne oder wie oft ich die Richtung wechsle, mein Schatten bleibt mir auf den Fersen und folgt mir auf Schritt und Tritt."

„Wieso willst du überhaupt vor dir selbst fliehen? Du bist ein wunderbarer Mensch – du brauchst dich nicht zu verstecken oder zu hassen", fragte ich sie, die nun den Blick in den

Spiegel mied und stattdessen konstant auf den Boden neben dem Spiegel starrte.

„Genau weiß ich das auch nicht", musste sie traurig zugeben. „Ich weiß selbst nicht, wieso ich keinen Zugang zu mir selbst finde und mich bis auf den Tod nicht ausstehen kann. Für die Feindschaft zwischen mir und meinem Körper gibt es so viele, fast unzählige Gründe, aber keinen, den ich dir nennen kann. Ich weiß, dass ich nur diesen einen Körper in meinem Leben besitze, aber das ändert nichts daran, dass ich ihn loswerden möchte. Und ich weiß auch, wenn ich meinen Körper verletze oder vernichten will, verletze beziehungsweise vernichte ich mich selbst. Das macht die Sache nicht unbedingt einfacher, aber einfach ist bei mir ja nie etwas. Ich suche mir immer den kompliziertesten Weg aus und mache diesen nicht selten noch komplizierter, als er sowieso schon ist."

„Bei dem letzten Satz kann ich dir leider nicht widersprechen", entgegnete ich ihr. „Du hast ein echtes Talent dafür, komplizierte Sachen anzuziehen. Und bei dem Rest hast du sicherlich ebenfalls nicht ganz unrecht. Dennoch kann ich nicht nachvollziehen, wie man in den Spiegel schaut und sich selbst nicht erkennen kann. Du weißt doch, wie du aussiehst und wie du heißt oder? Also wenn man an Fastnacht komplett besoffen ist und keine Ahnung mehr hat, wo man wohnt und wie man hierhergekommen ist – o. k. Aber du als sozusagen gesunder Mensch, der klar bei Verstand und Herr seiner Sinne ist, der vergisst doch nicht, wer er ist?!"

Meine Bordi lachte: „Nee. So habe ich das nicht gemeint. Ich weiß schon, wie ich heiße, wo ich wohne, welche Farbe meine Kleidung hat, wie lang meine Haare sind, welche Augenfarbe ich habe usw. Das alles ist mir bekannt. Aber diese Faktoren sind äußerlich. Mir geht es um meine inneren Werte, Gedanken, Gefühle und Fähigkeiten. Obwohl ich naturgemäß tagtäglich mit mir zu tun habe, weiß ich nicht, was mich ausmacht. Ich kann nicht sagen, was ich möchte, was oder wie ich mich fühle, was mir guttut, welche Ziele ich habe, was ich gut kann – was mich eben als meine Persönlichkeit und als Menschen ausmacht. Ich weiß meinen Namen, meinen Wohnort, wo ich zur Schule gegangen bin, aber dann hört es auch schon auf. Mir fehlt sozusagen ein wichtiger Teil meiner Identität."

„Ach so. Jetzt verstehe ich das", antwortete ich.

„Das ist aber eigentlich traurig, wenn man nicht weiß, wer man ist, denn dann fehlt einem ja ein entscheidender Teil in seinem Leben."

„Ja. Das ist leider so. Doch dieses Nicht-Wissen, wer ich bin, hat noch viel weitreichendere Folgen", ergänzte sie meine Worte.

„Klar habe ich, genauso wie alle anderen Menschen ebenfalls, Ziele in meinem Leben und will etwas erreichen, aber diese Ziele und Pläne bis zum Ende durchzuziehen, gelingt mir nur in den seltensten Fällen, da sich meine Einstellung ständig ändert. Ich bin äußerst sprunghaft und schaffe es einfach nicht, mich längerfristig für eine Sache zu entscheiden und dafür zu kämpfen. Was mir eben noch wichtig erschien, ist für mich einen Augenblick später völlig irrelevant.

Ich kann nicht sagen, was mich wirklich ausmacht, weil ich ständig versuche, so zu sein und mich so zu verhalten, wie andere es von mir erwarten. Ich sehe meine positiven Eigenschaften lediglich dann, wenn mich jemand darauf hinweist. Ansonsten ist mein positives Selbstbild gleich null. Überhaupt ist mir die Meinung meiner Mitmenschen wichtiger als meine eigene. Dadurch, dass ich selbst nicht weiß, wer ich bin, was ich will und wo ich hinsoll, übernehme ich nicht selten die Vorstellungen anderer. Ich strebe nach absoluter Perfektion und scheitere jedes Mal aufs Neue daran. Ich habe Ansprüche an mich, denen ich gar nicht gerecht werden kann, und wenn ich an einem Punkt scheitere, dann schmeiße ich gleich alle meine Ziele, Einstellungen und Empfindungen über den Haufen und suche mir neue, weil ich denke, dass ich mein ‚altes' sowieso nicht erreiche und daran zweifle, ob es Sinn hat, dieses Ziel zu verfolgen.

Wie ein in Panik geratenes Pferd renne ich plan-, ziel- und kopflos durch die Gegend. Diese ständige Sprunghaftigkeit verwirrt nicht nur die Menschen in meinem Umfeld, sondern auch mich. Meist weiß ich dadurch noch weniger als zuvor, wer ich bin und was ich eigentlich will.

Mein gesamtes Leben bin ich auf der Suche nach meinem eigentlichen *Ich*, obwohl es bereits die gesamte Zeit bei mir ist. Ich sehe beziehungsweise erkenne es bloß nicht, weil ich ständig versuche, mich zu verbiegen und zu verändern. Anstatt mich so anzunehmen, wie ich bin, versuche ich, jemand anderes zu sein und wundere mich anschließend, dass ich mich immer mehr verliere und mein ursprüngliches Ich nicht mehr erkennen kann. Anstatt mich an kleinen, erreichbaren Zielen zu orientieren, setze ich mir große, schwer erreichbare Ziele in weiter Ferne und wundere mich, dass ich diese nicht erreiche.

Ich konzentriere mich nicht auf das, was mir persönlich wichtig erscheint, sondern auf das, was andere von mir wollen und von mir erwarten. Anstatt auf mich selbst zu hören, höre ich auf die Stimmen der anderen. Doch das ist falsch! Ich sollte das tun, was ich will und persönlich für richtig halte und nicht das, was andere von mir erwarten!

Des Weiteren sollte ich lernen, nicht immer gleich nach dem Gipfel zu streben, sondern meinen langen Weg in kleine Etappenziele zu unterteilen, die ich eher und leichter erreiche als das große Hauptziel. Dadurch bleibe ich auch nach Wochen noch motiviert, weiterzukämpfen, und werfe nicht direkt alles wieder hin, weil mir dir Weg zum Ziel zu mühselig und zu kraftraubend erscheint und ich das Gefühl habe, nicht voranzukommen."

„Einsicht ist bekanntlich der beste Weg zur Besserung", lobte ich sie.

„Es ist nicht immer leicht, die Stimmen um sich herum zu ignorieren und auf sich selbst zu achten, aber es ist sehr wichtig, um sich selbst treu zu bleiben. Nur wenn du auf dich hörst und deine Ziele, die du persönlich als erstrebenswert erachtest, verfolgst, wirst du dich wohlfühlen und die nötige Kraft besitzen, um für deine Ziele zu kämpfen und dadurch dich selbst finden."

Noch während ich den letzten Satz aussprach, kam ich ins Straucheln.

„Sich selbst treu bleiben – eine schöne Aussage, die ich mir ab und zu auch mal selbst zu Herzen nehmen sollte. Wie oft hatte ich mich nämlich schon selbst in meinem Leben verbogen und verstellt, um in meine Umgebung zu passen? Wie oft hatte ich schon vorgegeben, jemand anders zu sein, der ich überhaupt nicht war? Wie oft hatte ich mich deshalb schon schlecht gefühlt? Eindeutig zu oft! Gewiss verlor ich als normaler Mensch durch solche Verbiegungen und Vorstellungen nicht gleich den Bezug zu meiner eigenen Identität – so wie die Bordi – aber gut fühlte ich mich dadurch ebenfalls nicht.

„Ja, sich selbst treu bleiben ist für alle Menschen wichtig", antwortete sie, als ob sie meine Gedanken gelesen hätte und mich in meinem Gedankengang bestätigen wollte.

„Doch um mir selber treu zu bleiben, mein wahres Ich zu zeigen und mir auf meinem angestrebten Lebensweg nicht hineinreden zu lassen, fehlt mir häufig der Mut. Zu groß ist meistens meine Angst, etwas falsch zu machen oder einen Fehler zu begehen", kam sie wieder auf sich selbst zu sprechen, „ich glaube, tief in seinem Innern weiß jeder Mensch, wer er ist. Seine eigene Identität verliert man so leicht nämlich nicht. Das Einzige, was einem hin und wieder passieren kann, ist, dass man durch das Chaos in seinem Kopf und seiner Umgebung vergisst, wo man sie hingelegt hat.

Das passiert zum Beispiel mir selbst und vielen anderen Borderline-Betroffenen regelmäßig. Aber das heißt nicht, dass ich dadurch ein Niemand oder ein Nichts bin. Womöglich fühlt es sich zeitweise so an, aber das bin ich nicht. In solchen Momenten sitzt mein Ich nur zusammengekauert und verunsichert in der Ecke und traut sich nicht herauszukommen, weil es Angst hat, nicht gemocht oder akzeptiert zu werden. Zu oft wurde es zurechtgewiesen, wenn es sich doch getraut hat, etwas zu sagen. Oftmals musste ich mir anhören, dass es falsch ist, dass ich das nicht darf oder kann oder schlimmer noch, was die anderen denken sollen, das hat mich so stark verunsichert, dass ich mich irgendwann nicht mehr traute, ich selbst zu sein, sondern versuchte, ein anderer Mensch zu werden.

Ich wollte nicht mehr anders sein, sondern so wie alle anderen Menschen auch. Wie eine böse Mutter, die ihr Kind vernachlässigt und abschieben will, habe ich mein sowieso schon kleines Ich gezwungen, in einen dunklen Keller zu ziehen und es dort in Ketten gelegt. Ich habe es verleugnet und ignoriert.

Es durfte kein Tageslicht sehen und bekam kein Essen und Trinken. Irgendwann war es dann so klein und so schwach, dass ich gar nicht mehr wahrnahm, dass es überhaupt noch da war. An diesem Punkt in meinem Leben dachte ich, ich hätte es verloren oder besser gesagt getötet. Doch glücklicherweise war es nicht tot, sondern nur ganz, ganz schwach und krank. Mit viel Mühe, Zeit, Geduld und Liebe bin ich nun dabei, es wieder aufzupäppeln und ihm Kraft zu geben. Ich bin ihm überaus dankbar, dass es mich nicht verlassen hat. Von Tag zu Tag wächst es nun weiter und ich habe ihm das Versprechen gegeben, dass ich ab sofort mehr auf es achtgebe und häufiger frage, was es denkt, fühlt, möchte etc."

11. Nicht verstanden werden

„Das ist schön, dass du das inzwischen so siehst", bestärkte ich sie.

„Du bist schließlich du. Du musst dich nicht für dein Verhalten, deine Gedanken, Gefühle oder Einstellungen schämen. Sei einfach du selbst und nicht so, wie andere Leute dich gerne hätten. Jeder Mensch ist anders. Du wirst es nie allen recht machen können."

„Das stimmt. Das habe ich nach zwanzig Jahren inzwischen auch begriffen", seufzte sie.

„Das Traurige daran ist, dass ich bei vielen Leuten mit meiner etwas anderen Denkweise, meiner außergewöhnlichen Art zu fühlen und meinem daraus resultierenden Verhalten häufig anecke. Sie verstehen mich nicht, wissen nicht, wie sie sich mir gegenüber verhalten sollen, und/oder haben Vorurteile. Kurz gesagt: Sie sehen lediglich meine Krankheit und nicht den Menschen, der dahintersteckt. Das tut weh und macht mich häufig traurig. Denn auch, wenn ich die Diagnose Borderline habe, bin ich in erster Linie weiterhin noch Mensch und möchte auch so behandelt werden! Ich bin nicht ansteckend, giftig und der Umgang mit mir ist nicht tödlich – doch leider scheinen das nicht alle zu wissen. Viel zu oft heißt es, dass man verrückt ist, oder noch Schlimmeres. Mittlerweile zähle ich gar nicht mehr, wie oft ich aufgrund meiner Narben, meines Verhaltens oder meiner Diagnose verurteilt werde. Aus Unwissenheit, Angst oder einer Mischung aus beiden, meiden mich die Menschen und wollen nichts mit mir zu tun haben. Anstatt mich zu fragen, mit mir zu reden, oder sich zu informieren, bilden sie sich allein aus dem, was sie sehen – meist sind das die Narben an meinen Armen – ein Urteil über mich und stecken mich in eine Schublade, in die ich gar nicht hineingehöre. Oftmals habe ich das Gefühl, dass ich als eine Art Monster gesehen werde, dem man besser aus dem Weg geht, bevor es einen frisst."

Mit mitfühlendem Blick schaute ich in ihre traurigen Augen. „Das glaube ich dir, dass das wehtut. Kein Mensch wird gerne ausgegrenzt, gemieden oder verurteilt. Jeder Mensch strebt nach Anerkennung und Toleranz und will von seinen Mitmenschen akzeptiert werden."

Ich dachte darüber nach, wie ich wohl auf diese Gestalt reagiert hätte, wenn ich ihr auf der Straße begegnet wäre, bevor sie mir ihre Art zu fühlen und Denkweise erklärt hätte. Vermutlich hätte ich ebenfalls verständnislos auf die vernarbten Arme gestarrt und wäre kopfschüttelnd an ihr vorbeigelaufen. Auch ich hätte wahrscheinlich lediglich die Narben und somit die Krankheit in ihr und nicht den Menschen dahinter gesehen. Diese Einsicht stimmte mich leicht nachdenklich und ich fühlte mich an eine bestimmte Situation aus meinem wahren Leben erinnert.

Vor gar nicht allzu langer Zeit hatte ich eine Arbeitskollegin von mir massiv zurechtgewiesen, weil sie weinend im Büro saß. Allgemein hatte diese junge Frau ein paar Verhaltensweisen an sich, die mir und meinen anderen Kollegen etwas merkwürdig vorkamen. In unseren Augen war sie verrückt und das gaben wir ihr des Öfteren mit fiesen Kommentaren oder Gesten zu verstehen.

Wir ließen sie fast täglich spüren, dass wir sie für psychisch krank hielten und nicht bei uns haben wollten. In der Mittagspause saß sie zum Beispiel täglich alleine, weil sich niemand von uns mit so einer Heulsuse, die wegen jeder Kleinigkeit austickte, an einen Tisch setzen wollte.

Schuldbewusst suchte ich nach einer Erklärung, um solch abweisendes und meidendes Verhalten zu entschuldigen.

„Ich denke, dass die meisten Leute nicht wissen, was Borderline ist. Sie haben den Begriff – wenn überhaupt – einmal gehört, wissen, dass es so etwas gibt, aber was dieses Wort genau bedeutet und wie es sich anfühlt, mit dieser Diagnose zu leben, davon haben sie meist keinerlei Ahnung. Und alles, was Menschen nicht kennen beziehungsweise nicht verstehen, ist ihnen nicht geheuer. Sie halten Abstand, wissen nicht, wie sie damit umgehen sollen, und sind verwirrt.

Zudem werden nicht selten unverständliche Dinge, Verhaltensweisen, andere Meinungen etc., die nicht den üblichen Vorstellungen entsprechen, von der Gesellschaft als krank, verrückt oder gar gestört bezeichnet.

Ohne dass man sich weiter mit der Sache oder in deinem Fall mit dem Menschen beschäftigt und sich Gedanken darüber macht, wieso das so ist, hat man sich bereits ein Urteil gebildet und hält sich fern.

Besonders beim Thema psychischen Erkrankungen gibt es eine Menge Berührungsängste, die diese *Oh-Gott-nix-wie-weg-Einstellung* verstärken und beschleunigen. Es ist einfach viel zu wenig über diese Krankheiten bekannt und man weiß kaum etwas über die Betroffenen. Psychische Erkrankungen sind einfach eine Art Tabuthema in unserer Gesellschaft, mit dem niemand etwas ernsthaft zu tun haben will."

„Ja, aber das ist doch traurig!", entgegnete sie mit gesenktem Kopf.

„Manchmal habe ich das Gefühl, dass ich eine vollkommen andere Sprache spreche als meine Mitmenschen. Sie verstehen mich nicht und ich verstehe sie nicht. Durch meine Diagnose denke, fühle und handle ich anders als sie. Das sorgt bei ihnen für Verwirrung. Für sie sind mein gegensätzliches Denken, mein extremes Fühlen und mein daraus resultierendes Verhalten völlig unverständlich und nicht nachvollziehbar.

Im Gegensatz dazu ist für mich die Denkweise und die Art zu fühlen von Nicht-Betroffenen ein unlösbares Rätsel. Es ist, als ob wir zwei völlig unterschiedliche Sprachen sprechen und keiner den anderen versteht. Dadurch entstehen häufig Missverständnisse, die man eigentlich mit Nachfragen und/oder einem klärenden Gespräch beseitigen könnte.

Doch, anstatt miteinander über die Gründe zu reden, wird lieber geschwiegen und sich direkt ein Urteil über den gesamten Menschen, der sich gerade merkwürdig verhalten hat, gebildet.

So werden aus Missverständnissen ganz schnell falsche Vorannahmen, die sich irgendwann (meist recht schnell) als Vorurteile in den Köpfen der Gesellschaft festsetzen. Und diese Vorurteile, die zu über 90 Prozent rein gar nichts mit meiner Diagnose zu tun haben, bekomme ich dann regelmäßig auf schmerzhafte Weise zu spüren. Das ist doch nicht normal! Man kann doch nicht einen Menschen, den man gerade mal zwei Minuten kennt, mit dem man noch kein Wort gewechselt hat, allein wegen seiner vernarbten Arme oder einem unverständlichen Verhalten verurteilen! Oder?"

„Was ist heutzutage normal?!", stellte ich eine Gegenfrage.

„Klar ist das nicht gerecht, aber du musst bedenken, dass das die schnellste, einfachste und unkomplizierteste Methode ist, etwas auszublenden oder nicht sehen zu wollen", erklärte ich ihr.

„Unbestreitbar ist es traurig, einem anderen Menschen so zu begegnen. Aber ich glaube, dass es vielen Menschen einfach Angst macht, wenn ein Mensch anders ist. Es ist für sie ungewohnt und vielleicht für manche auch etwas unheimlich, wenn ein Mensch nicht in das übliche Bild der Gesellschaft passt.

Außerdem bekommt man von Freunden, Bekannten, der Zeitung oder auch in Filmen so oft ein falsches Bild von psychisch Kranken vermittelt, dass man als Nicht-Betroffener, der keinen Kontakt zu Menschen mit psychischen Krankheiten hat, irgendwann wirklich glaubt, dass sie alle einen Knall haben und bekloppt sind.

Wenn man nicht das Gegenteil mit eigenen Augen gesehen hat, glaubt man das, was einen von den Medien oder von anderen Menschen vermittelt wird. Und selbst, wenn man das Gegenteil vor Augen geführt bekommt, glaubt man weiterhin das, was man glauben will. Jeder Mensch sieht nur das, was er sehen und wahrnehmen will. Wenn zum Beispiel einer der festen Meinung ist, dass du ein kinderfressender Massenmörder bist, wird er in all deinen Verhaltensweisen eine Bestätigung darin suchen, dass seine Vorstellung von dir richtig ist. Alles andere, was seiner Meinung nach nicht in sein Bild von dir passt, blendet er aus.

Daran etwas zu ändern ist schwer. Wenn jemand nicht dazu bereit ist, sein eigenes Schubladendenken und seine Denkweise über psychisch Kranke zu überdenken, kannst du daran nur sehr, sehr schwer etwas ändern."

„Genau!", unterbrach sie mich mit lautem Protest.

„Du sagst es, es ist schwer, etwas zu ändern, jedoch ist es nicht unmöglich! Wir alle sind Menschen. Wir alle sind so intelligent, dass wir der Sprache mächtig sind, uns mitteilen und somit miteinander verständigen können. Wir sollten aufhören, andere wegen ihres Aussehens, ihrer Denkweise, ihrer Art zu fühlen, ihrer Vergangenheit, ihrem Verhalten oder sonst etwas zu verurteilen. Nur weil diese Personen nicht in das übliche Bild eines ‚normalen' Menschen passen, heißt das nicht, dass sie gleich schlechter, weniger wert oder dümmer sind.

Anderssein ist kein Grund, jemanden zu meiden oder gar auszugrenzen. Meiner Meinung nach sollte man nachfragen, wenn man eine andere Person nicht versteht, und versuchen, die Dinge und/oder die Situation aus ihrer Sicht zu sehen. Vielleicht – oder wahrscheinlich mit Sicherheit – wird sie einen Grund haben, wieso sie so ist, wie sie ist.

Dadurch würden viele Missverständnisse aus dem Weg geräumt werden oder erst gar nicht entstehen.

Wir besitzen die besondere Gabe, uns mit Worten mitzuteilen, also sollten wir diese geniale Fähigkeit auch nutzen. Sicherlich gibt es auch einige Menschen, die – wie du angedeutet hast –beratungsresistent sind und ihr festes Bild von geisteskranken, verrückten und unberechenbaren psychisch Kranken im Kopf haben –, doch ich bin davon überzeugt, dass das nur die Minderheit der Gesellschaft ist.

Der Rest hat schlichtweg keine Ahnung, was Borderline, Magersucht, Burn-out, Depressionen, multiple Persönlichkeit und so weiter sind und wie sie mit Betroffenen umgehen sollen.

Ich denke, diese große Mehrheit wäre dazu bereit, sich die Erklärung von Betroffenen anzuhören und ihre Einstellungen ihnen gegenüber zu ändern. Deshalb bin ich der Auffassung, dass sowohl Betroffene auf Nicht-Betroffene als auch umgekehrt häufiger einen

Schritt aufeinander zugehen und miteinander reden sollten, anstatt sich aus dem zu Weg gehen. Wenn Betroffene dazu bereit sind, ihr Verhalten zu erklären, und Nicht-Betroffene dazu bereit sind, sich die Erklärung anzuhören, können wahre Mauern eingerissen werden. Denn nur wer miteinander redet, anstatt übereinander zu urteilen, beziehungsweise sein Gegenüber zu verurteilen, kann Missverständnisse beseitigen und Vorurteile abbauen."

12. Die Vergangenheit prägt jeden Menschen

„Vorurteile hat jeder Mensch. Der eine mehr und der andere weniger. Das ist nichts Außergewöhnliches, sondern menschlich. Schlimm wird es nur, wenn man nicht dazu bereit ist, diese Vorurteile zu überdenken und womöglich abzulegen, oder wenn man alle Menschen mit ähnlichem Aussehen oder Verhalten über einen Kamm schert und einzelnen Personen dieser Personengruppe gar nicht mehr die Chance lässt, diese Vorurteile zu widerlegen. Das ist dann nämlich nicht mehr menschlich, sondern einfach nur fies und ungerecht!", ergänzte die Bordi.

So ungern ich es zugeben wollte, musste ich mir dennoch selbst eingestehen, dass auch ich gewisse Vorurteile gegenüber bestimmten Personen(gruppen) hatte, die alles andere als positiv waren. Auch ich gehörte zu den Menschen, die vor allem, was sie nicht kannten oder als nicht normal erachteten, lieber erst einmal Abstand hielten, anstatt ihre Vorurteile zu überprüfen. Inzwischen taten mir manche meiner unüberlegten Kommentare gegen

Personen, die offensichtlich ein Problem mit ihrer Psyche hatten sogar leid. Nie hätte ich gedacht, dass ich so etwas wie ein schlechtes Gewissen oder Reuegefühl empfinden könnte, doch anscheinend hatte ich mich in dieser Beziehung geirrt.

Ich konnte sehr wohl ein schlechtes Gewissen verspüren. Allein mit Worten, Bildern und ehrlichen Erklärungen hatte der Bordi einen Teil in meinem Gehirn angetriggert, von dem ich gar nicht wusste, dass es überhaupt existierte!

Seitdem ich sie kannte, wurde mir immer mehr bewusst, welches gefühlskalte, arrogante, unmenschliche Wesen ich in den letzten Jahren gewesen war. Ich habe meine eigenen Gefühle eingefroren und die Gefühle anderer niedergemacht und mich dadurch stark und überheblich gefühlt, doch in Wirklichkeit war dieses Verhalten von mir einfach nur schwach. Ich hatte nicht den Mut, meine Gefühle zuzulassen und zu zeigen, und zudem noch mitten in die Schwachstelle anderer gezielt, das war nicht gerecht. Das wusste ich jetzt.

Am Anfang hatte ich mich auch bei dem Gespräch mit der Bordi noch gegen meine Gefühle und diese Einsicht gewehrt, doch mittlerweile hatte sie mir die Augen geöffnet und gezeigt, dass ich mich falsch verhalten hatte. Ohne Vorwürfe, Kritik und ohne über mich zu urteilen, hatte sie mich auf meine Fehler hingewiesen und mich zum Umdenken bewogen.

Wie genau sie das schaffte, weiß ich selbst nicht so genau, aber sie hatte es geschafft, und dafür war ich ihm mittlerweile echt dankbar!

Vor der Begegnung mit ihr war ich komplett unfähig, Kritik anzunehmen, anderen Leuten zuzuhören oder mir Gedanken darüber zu machen, dass ich meine Mitmenschen mit meinem Verhalten womöglich verletzen könnte.

Besonders meine Mitarbeiter und die Angestellten unter mir hatte ich häufig wegen belangloser Kleinigkeiten, die mir nicht in den Kram passten, zurechtgewiesen und verurteilt. Besonders die Heulsuse im Nebenbüro hatte von mir regelmäßig Sprüche, Kommentare oder Strafarbeiten kassiert, weil ich diese Menschen, ohne die Gründe ihrer Gefühlsausbrüche und Schüchternheit zu kennen, in die Schublade „verrückt, geisteskrank, bekloppt, kannst du niedermachen und zum Frustabbau benutzen" einsortiert hatte.

Doch eines hatte ich dank der Bordi inzwischen gelernt: Urteile nie über einen Menschen, den du nicht kennst, denn du weißt nicht, was in ihm vorgeht!

Rückgängig machen konnte ich mein fieses Verhalten (leider) nicht mehr, aber in Zukunft kann ich versuchen, mir diese Aussage mehr zu Herzen zu nehmen, und weniger schnell über Leute, die ich nicht kenne, zu urteilen.

Als ob die Borderlinerin meine Gedanken gelesen hätte, fügte sie hinzu:

„Jeder Mensch ist ein Spiegelbild seiner Vergangenheit. Alles, was wir erlebt haben, ist irgendwo in unserem Innern verankert. Manchmal können oder wollen wir uns an bestimmte Ereignisse in unserem Leben nicht mehr erinnern, doch trotzdem haben uns genau diese Ereignisse auf eine bestimmte Weise geprägt. Ein Teil unserer Persönlichkeit ist genetisch veranlagt, doch der Rest entwickelt sich aus Erfahrungen, die wir machen und vor allem, wie wir diese verarbeiten können. Positive Erfahrungen prägen uns dabei genauso wie negative.

Besonders in der Kindheit ist die Persönlichkeit noch nicht so weit gefestigt, dass traumatische Ereignisse ´einfach mal so‘ verarbeitet werden können. So kann es – muss jedoch nicht zwangsläufig – zu einer Störung in der Entwicklung einer gesunden, stabilen Persönlichkeit des Menschen kommen.

Zum Beispiel, wie bei mir, zu einer Borderline-Störung. Allerdings gibt es auch eine Menge Menschen, die in ihrer Kindheit durch Krieg, Gewalt, Missbrauch etc. traumatisiert wurden und die keine Persönlichkeitsstörung oder sonstige psychische Erkrankung davongetragen haben. Dementsprechend habe ich gesagt, ein Trauma kann – muss aber nicht zu einer Störung oder Erkrankung führen.

Diese Menschen, die ein Trauma scheinbar unbeschadet überstehen, besitzen die Fähigkeit, mit einem traumatischen Erlebnis anders umzugehen und die Erinnerung daran (irgendwann) zu verarbeiten.

Borderline-Betroffene besitzen keine genetische Veranlagung dafür. Ein Großteil der Betroffenen reagiert auf belastende Ereignisse schon von Geburt an anders. Ich zum Beispiel habe seit meiner Geburt die Veranlagung in mir, meine

Gefühle intensiver wahrzunehmen, mit Stress weniger gut umgehen zu können, eine niedrige Reizschwelle zu haben und zu impulsivem Verhalten zu neigen.

Diese Veranlagung, gepaart mit einem traumatischen Erlebnis, hat bei mir zur Borderline-Erkrankung geführt. Also, psychisch krank zu werden oder ein Trauma ohne Folgeerkrankung zu überleben, hängt immer von vielen unterschiedlichen Faktoren ab.

Ein Teil dieser Faktoren ist genetisch vorgegeben, ein Teil wird durch die Umwelt beeinflusst, ein anderer Teil hängt von der Erziehung und dem familiären Rückhalt ab, ein bisschen spielt das Schicksal mit hinein und die eigene Persönlichkeit, ein Stück weit spielen mögliche Vorerfahrungen eine Rolle.

Also kurz: Es ist wie im Chemieunterricht. Mal mischt man fünf unterschiedliche, giftige Flüssigkeiten zusammen und es passiert nichts, und mal mischt man zwei eigentlich harmlose Flüssigkeiten zusammen und es führt zu einer Explosion.

Gewiss gibt es einige Faktoren, die es begünstigen, psychisch krank zu werden, aber ob die Person tatsächlich erkrankt, ist nicht alleine von ein oder zwei Faktoren abhängig. Aber eines kann man zu 100 Prozent sagen: Egal, was ein Mensch – ob Borderliner, psychisch Kranker oder Nicht-Betroffener – in seinem Leben erlebt hat, hat seinen Charakter und seine Psyche auf jeden Fall – mal mehr, mal weniger, mal offensichtlich, mal im verborgenen – beeinflusst und geprägt."

„Da hast du recht", antwortete ich ihr mit wehmütiger Stimme.

Je mehr sie von diesem Thema erzählte, desto deutlicher wurde mir klar, dass ich ebenfalls ein Spiegelbild meiner Vergangenheit war. Bereits von frühster Kindheit an hatte mir mein Vater klar gemacht, dass ich als Mann keine Gefühle zeigen durfte.

Jedes Mal, wenn ich weinte, schrie er mich an, dass Männer keine Tränen vergießen dürften und dass ich schwach war. Mit aller Gewalt versuchte er mich zu einem – in seinen Augen – „richtigen" Mann zu erziehen.

Vermutlich hatte er von seinem Vater, genauso wie ich, vorgelebt bekommen, dass ein starker, erfolgreicher Mann vollkommen gefühlskalt war. Und ich glaube, wenn ich selbst Kinder hätte, hätte ich sie sehr wahrscheinlich auch so erzogen. Diese Aussagen und diese Form der Erziehung sind natürlich nicht mit einem Trauma zu vergleichen, aber auf gewisse Weise haben mich die Tadel, Schreie und Verbote meines Vaters trotzdem nachhaltig geprägt.

Seine strenge Erziehung und seine Aussagen, dass ich nicht weinen dürfe und dass ich, wenn ich Gefühle zeigen würde, es nie zu etwas im Leben bringen würde und für immer ein Verlierer und Versager bleiben würde, haben meinen Charakter und damit zum Teil meine Persönlichkeit geformt. Dementsprechend konnte ich die Erklärung des Bordis gut nachvollziehen und bestätigen.

„Erinnerungen sind wie ein Schatten", fuhr sie weiter fort.

„Man sieht sie zwar nicht immer, aber trotzdem sind sie jederzeit und bei allem, was wir tun, bei uns. Deshalb sollte man erst über einen Menschen urteilen, wenn man seine Schuhe getragen hat und damit durch alle Berge und Täler seines Lebens gegangen ist. Erst wenn du die Lebensgeschichte deines Gegenübers kennst und die Welt mit seinen Augen betrachtet hast, kannst, oder besser gesagt darfst (!) du es wagen, über ihn zu urteilen. Du solltest immer daran denken, dass jeder Mensch Erlebnisse anders wahrnimmt und diese auch anders in seinem

Gehirn verarbeitet. Was für einen Menschen eine Kleinigkeit ist, kann für einen anderen schon ein riesiges Problem darstellen. Außerdem solltest du daran denken, dass viele Kleinigkeiten sich irgendwann genauso zu einem unüberwindlichen Berg auftürmen können, wie ein einziges großes Problem. Alle Erfahrungen und Erlebnisse, die wir in unserer Vergangenheit gemacht haben, gepaart mit unseren genetischen Veranlagungen, haben uns zu dem Menschen gemacht, der wir heute sind."

13. Schutzmauer

Meine Bordi lief ein paar Schritte auf und ab, bevor sie sich wieder zu mir umdrehte.

„Aus Angst vor Vorurteilen und der Angst vor meinen Mitmenschen schwach und unfähig zu wirken oder verletzt zu werden, habe ich schon vor Jahren damit angefangen, eine kilometerhohe und mehrere Meter dicke Betonmauer um mein Inneres aufzubauen", begann sie, einen neuen Themenabschnitt einzuleiten.

„Diese dicke Mauer soll auf der einen Seite als Selbstschutz für meine eigenen Gefühle dienen, und auf der anderen Seite möchte ich damit auch die Menschen in meiner näheren Umgebung schützen.

Vor meinen Mitmenschen zeige ich nämlich immer nur die künstliche Fassade dieser Mauer. Nach außen hin spiele ich ununterbrochen die Rolle der Starken, die mit allen Problemen und Sorgen im Leben fertig wird, nie zweifelt und von Lebensmut und Lebensfreude nur so strotzt.

Doch hinter dieser farbenfrohen und schön angelegten Außenfassade sieht es oftmals ganz anders aus. Dort ist nichts mehr bunt und fröhlich, sondern alles dunkel und grau. Freude und Glück gibt es kaum. Überall herrschen Chaos, Unordnung und Traurigkeit.

Zeitweise türmen sich die vielen Probleme und Sorgen, die ich habe, zu regelrechten Trümmerbergen auf, die für mich kaum zu überwinden sind.

Doch davon bekommt die Außenwelt nichts mit, da meine selbst gebaute Mauer die Sicht darauf versperrt und stattdessen die schöne Fassade nach außen zeigt.

Es ist, als ob ich tagtäglich eine Maske trage. Wie ein Clown schminke ich mir jeden Morgen ein Lächeln ins Gesicht und albere mit meinen Mitmenschen herum, als ob es für mich das Normalste der Welt wäre, fröhlich zu sein. Ich bringe alle zum Lachen und lache oft mit ihnen. Alle denken, ich sei tatsächlich glücklich, würde mein Leben perfekt auf die Reihe bekommen und hätte Spaß daran, jeden Tag aufzustehen, zur Arbeit zu gehen, nach Hause zu kommen, zu kochen, den Haushalt zu machen und so weiter, doch wie es mir wirklich geht, sehen die Wenigsten.

Im Laufe der Zeit habe ich es gelernt, meine wahren Gefühle vollständig zu überschminken und hinter den dicken Mauersteinen der

Betonmauer sicher zu verbergen. Selbst mit Tränen in den Augen kann ich noch lachen. Ohne diese künstliche, glückliche Fassade fühle ich mich vollkommen schutzlos."

Sie machte eine kurze Pause beim Sprechen und schien nach den richtigen Worten zu suchen. Mittlerweile kannte ich Bordi bereits so gut, dass ich schon fast an ihrem Gesichtsausdruck erkennen konnte, worüber sie nachdachte. Rein von ihrer Mimik her wusste ich, dass jetzt gleich ein Vergleich kommen würde, der im ersten Moment rein gar nichts mit dem aktuellen Thema zu tun hatte, aber zusammen mit der Erklärung zu einer einfach zu verstehenden, bildlichen Beschreibung werden würde, die das zuvor angeschnittene Thema sehr verständlich erklärte.

„Auf gewisse Weise wirkt meine innerliche Schutzmauer wie eine Art Pflaster für meine Seele und meine Gefühle", begann sie, weiter den Sinn und die Aufgabe dieser Schutzmauer zu erläutern.

„Wie ein gigantisches Pflaster habe ich diese einsturzsichere Mauer um mein Inneres aufgebaut, um die klaffenden, schmerzenden Wunden dahinter zu verarzten und zu schützen.

Vor Außenstehenden versteckt das Pflaster die Wunden und lässt sie weniger schockierend aussehen. Denn alle sehen nur das Pflaster und keiner weiß, wie es darunter aussieht. Klar weiß man, dass sich unter einem Pflaster meistens eine Verletzung befindet, aber wie tief, wie großflächig, entzündet oder vernarbt diese ist, sieht ein Außenstehender nicht. Und das ist auch meistens besser so!

Gleichzeitig schützt das Pflaster die Wunde vor Schmutz und Dreck, die eventuell in die offenen Stellen hineingeraten und die Verletzungen verschlimmern könnten. Durch diesen Schutzmechanismus gelingt es mir, negative Kommentare, Vorurteile, Beschimpfungen und Gewalt weitestgehend von meinen Gefühlen fernzuhalten beziehungsweise den innerlichen Fausthieb, den sie verursachen, abzudämpfen.

Der Schmutz, der die Wundschmerzen verschlimmern könnte, prallt einfach außen ab, und den Verletzungen bleibt Zeit, um zu heilen. Was jedoch nicht heißt, dass ich durch meine Schutzmauer gleich unverwundbar bin. Diese Wand ist lediglich eine Art Fangnetz, das zeitweise vor groben Gefahren und Schmutz schützt. Wie ein altes Pflaster oder eine verwitterte Mauer währt dieser Schutz nicht auf ewig. Es kann immer mal passieren, dass es eine undichte Stelle gibt, sich irgendwo eine Ecke löst oder die Mauer vollkommen einstürzt. Dann schlägt alles, was sich die gesamte Zeit vor dem Schutzwall aufgestaut hat, auf einmal in mir ein.

Das tut dann verdammt weh und sorgt nicht selten für neue Verletzungen, doch nach außen hin wird man auch solch einen Zusammenbruch nicht sehen. Denn selbst wenn alles in mir zusammenstürzt, werde ich weiterhin lächeln.

Nach all den Jahren, die ich bereits kämpfe, hat sich diese Taktik nämlich als beste Überlebensstrategie für mich herauskristallisiert. Solange ich keine Schwäche zeige, biete ich keinen offensichtlichen Angriffspunkt, den andere Menschen womöglich ausnutzen könnten. Zum Teil ist es zwar schade, sich so zu verschließen, aber besonders in Krisensituationen ist es häufig das Beste für mich, wenn ich halbwegs unbeschadet (über)leben will.

Zumindest für einen gewissen Zeitraum. Auf lange Sicht gesehen ist es jedoch keinesfalls die richtige Lösung, sich ununterbrochen zu verstellen und niemanden hinter seine Maske schauen zu lassen. Denn dadurch nimmt man

Außenstehenden die Chance, einem Hilfe und Unterstützung anzubieten, und das ist in vielen Situationen nicht gerade förderlich."

Beschämt musste ich kurz grinsen. Besonders bei den letzten Punkten fühlte ich mich schon wieder persönlich angesprochen. Schließlich hatte ich ebenfalls eine Art Schutzmauer um meine Gefühle aufgebaut. Zwar aus ganz anderen Gründen als sie, aber dennoch mit mehr oder weniger denselben Auswirkungen. Auch ich wollte niemanden an mich heranlassen und offen preisgeben, was ich gerade fühlte und mit welchen Problemen ich zu kämpfen hatte. Allerdings hatte ich meine Betonmauer aufgebaut, weil ich es so wollte, wogegen Bordi ihre aufbauen musste, um zu überleben. Von Freiwilligkeit war bei ihr keine Rede.

14. Sich öffnen

„Ich glaube, ich kann dich und deine Angst, dich vor anderen zu öffnen, ein bisschen verstehen", versuchte ich, ihr Mut zu machen.

„Menschen können manchmal ziemlich gemein und verletzend zueinander sein. Oftmals suchen sie sich gezielt die schwächste Person in ihrem Umkreis heraus und machen sie nieder, geben ihr für alles die Schuld, machen sie für alles verantwortlich oder nutzen sie zum Frustabbau. Nicht selten verbünden sie sich dabei noch zu einer Gruppe, die dann gemeinsam gegen die schwächste Person geht. Wer viel von seinem Innern preisgibt und somit Verletzbarkeit zeigt, bietet in den meisten Fällen einen Angriffspunkt für andere. Das ist leider Realität.

Deshalb kann ich gut nachvollziehen, dass du ungern und nur selten deine Gefühle und Gedanken offen äußern willst. Nichtsdestotrotz, oder eigentlich gerade deswegen, finde ich es überaus mutig und lobenswert von dir, dass du ungeachtet deiner vielen negativen Erfahrungen, die du schon gemacht hast, dennoch den Mumm besitzt, mit mir offen und ehrlich über deine Gedanken- und Gefühlswelt zu reden! Das ist wahre Stärke! Das schafft nicht jeder. So oft, wie du vermutlich schon von Menschen enttäuscht, verletzt und ausgenutzt wurdest, ist es nicht selbstverständlich, dass du weiterhin das Vertrauen in Menschen besitzt und dich öffnest.

Vielen Dank, dass du mich hinter deine Betonmauer blicken lässt. Durch deine tollen Erklärungen habe ich schon einiges über dich, die Diagnose – und auch über mich selbst – gelernt."

Sie bekam einen knallroten Kopf und lächelte beschämt: „Danke. Es war aber ein langer Weg, bis ich mich getraut habe Besucher hinter meine Mauer zu lassen und meine Gefühle zu zeigen.

Es hat überdurchschnittlich lange gedauert, bis ich eingesehen habe, dass es nicht gesund war, alle Konflikte mit mir alleine auszumachen, innerlich zu verzweifeln und nach außen hin weiterhin so zu tun, als ob alles nach Plan liefe und ich glücklich wäre. Jahrelang konnte und wollte ich niemanden an mich heranlassen und keine Hilfe annehmen. Jeder, der versuchte, an mich heranzukommen, wurde abgeblockt und weggeschickt. Meine extrem dicke und feste Schutzmauer machte es Außenstehenden unmöglich zu erkennen, wie es in meinem Innern aussah. Doch in diesen Phasen meines Lebens war es für mich die einzige Möglichkeit, um zu überleben. Hätte ich in dieser Zeit nicht jeden Tag eine Maske aufgesetzt und meine Gefühle weggesperrt, würde ich jetzt wahrscheinlich nicht mehr atmen.

Also meine künstliche Fassade war und ist auch heute noch ein antrainierter Schutzmechanismus meines Körpers, um meine Seele vorm Zerbrechen zu retten. Dementsprechend ist sie nicht durchgehend schlecht. Allerdings ist sie – wie bereits angedeutet – keine Dauerlösung. Sich jahrelang zu verstellen, nie zu öffnen und alles mit sich alleine auszumachen und in sich hinein zu fressen, ist nämlich ebenfalls schädlich und im schlimmsten Fall sogar tödlich!

Deshalb sollte man sich nach dem schweren Lebensabschnitt langsam aber sicher damit beschäftigen, seinen Schutzwall nach und nach wieder zu verkleinern. Wann genau man mit diesem Abbau beginnt und wie schnell man die Steine wieder abreißt, ist jedem selbst überlassen.

Bei mir hat es zum Beispiel über Jahre gedauert, bis ich meine Mauer wieder auf einer akzeptablen Größe hatte und meine wahren Gefühle nicht mehr jeden Morgen unter tonnenweise Theaterschminke überdeckte. Wichtig und zu beachten ist lediglich, dass man seine Schutzmauer nie von jetzt auf gleich komplett abreißt, sondern immer langsam Stein für Stein abbaut.

Außerdem sollte man darauf achten, dass die Mauer nie komplett verschwindet. Sie sollte zu jeder Zeit so hoch sein, dass sie genügend Schutz bietet, wenn man sich aus irgendeinem Grund mal dahinter verstecken muss, und/oder Schutz benötigt."

„Das stimmt", bestätigte ich sie. „Sich selbst und seine Gefühle zu schützen, ist wichtig. Man sollte immer einen Rückzugsort besitzen, an dem man sich verstecken kann, wenn man gerade einmal Schutz braucht. Allerdings sollte man zeitgleich auch immer Orte und Personen haben, bei denen man seine Gefühle herauslassen und einfach man selbst sein kann. Das ist mindestens genauso wichtig. Jeder Mensch braucht Leute, bei denen er sich nicht verstellen muss, die ihn bedingungslos akzeptieren, mit seinen Gefühlen und Problemen ernst nehmen und nicht verurteilen, sondern ihn trösten, mit Rat und Tat zur Seite stehen und ab und zu auch einfach mal nur in den Arm nehmen und da sind."

„Genau", antwortete sie.

„Doch dafür muss man den Mut besitzen, seine Schutzmauer kurz zu öffnen, um die Person hereinzulassen. Und um das zu verstehen, brauchen traumatisierte Menschen oder Leute, die viele schlechte Erfahrungen in ihrer Vergangenheit gemacht haben, ab und zu etwas länger. Doch nur weil sie niemanden hinter ihre Fassade schauen lassen, heißt das nicht zwangsläufig, dass sie sich nicht danach sehnen, ab und zu offen ihre Gefühle zu zeigen. Meistens haben sie lediglich zu große Angst zu vertrauen oder fürchten, erneut verletzt zu werden. Vertrauen und Gefühle offen preiszugeben oder gar darüber reden zu können, lernen die wenigsten Menschen von heute auf morgen. Besonders bei Menschen mit einer Vorgeschichte dauert das häufig Jahre."

15. Wie gelähmt

„Wenn man sich anderen Personen gegenüber öffnet, kann man leicht verletzt und enttäuscht werden, aber man kann auch sich selbst und anderen damit eine Hilfe sein.

Die Kunst ist es, zu wissen, wann man sich öffnen kann und wann man sich besser verschließt, um nicht verletzt zu werden. Doch das ist eine sehr hohe Kunst!

Bis man die halbwegs beherrscht, vergehen viele Jahre, und man muss bis dahin eine Menge Verletzungen, Rückschläge und Enttäuschungen einstecken. Dennoch sollte man dieses Risiko eingehen und immer wieder versuchen, sich zu öffnen. Denn nur, wenn man etwas wagt und neue Wege geht, hat man die Chance, aus seiner Vergangenheit auszubrechen und etwas an seiner Situation zu verändern.

Würde ich mich zum Beispiel dir nicht öffnen, würdest du nicht verstehen, was in meinem Kopf abläuft, wieso ich zum Teil so überreagiere und weshalb ich Narben an den Armen habe. Dadurch würdest du mich als bekloppt oder verrückt abstempeln und mich meiden. Schließlich könntest du nicht nachvollziehen, wieso ich so bin, wie ich bin, und dementsprechend wäre es für dich schwer, so etwas wie Empathie oder Verständnis mir gegenüber aufzubringen.

Das hätte dann wiederum zur Folge, dass ich mich weiterhin schlecht, unverstanden und alleingelassen fühlen würde. Also wäre an diesem Punkt keinem von uns geholfen. Entscheide ich mich aber so wie du gerade dazu, mit dir zu reden, und dir meine Sicht der Welt zu erläutern, gehe ich zwar die Gefahr ein, dass du dich trotzdem von mir abwendest oder meine Geschichte gar gegen mich verwendest, aber es besteht auch die Möglichkeit, dass du mich ernst nimmst und auf die Reise durch meine chaotische, schwarz-weiße Gedanken- und Gefühlswelt mitkommst.

Kurz: Ich habe eine deutlich höhere Wahrscheinlichkeit, das zu erreichen, was ich mir wünsche. Nämlich, dass du mir zuhörst und dadurch erfährst, dass ich – und jeder andere Borderliner oder sonstig psychisch Kranker ebenfalls – kein menschenfressendes Monster ist, das über Leichen geht, sondern immer noch in erster Linie Mensch ist.

Ein Mensch, der eben etwas anders seine Gefühle wahrnimmt, etwas andere Denkweisen und Denkmuster hat und sich dadurch auch eventuell ab und zu etwas ‚anders' verhält", legte die Bordi die Fakten auf den Tisch.

„Stimmt", lobte ich sie, „man kann den Menschen immer nur vor den Kopf schauen und nicht hinein. Deshalb finde ich es gut, dass du dich traust, mit mir offen über deine Gedanken, Gefühle, deine Erfahrungen und deine Diagnose zu sprechen. Dadurch kann ich dich und andere Betroffene besser verstehen und nachempfinden, wie ihr euch fühlen müsst."

Diese Worte ließen ein kurzes, zaghaftes Lächeln über ihr Gesicht huschen, bevor sie mich berichtigte.

„Ganz verstehen wirst du meine Gedanken, Gefühle und mein Verhalten nie können, denn ich verstehe mich oft selbst nicht. In manchen Situationen in meinem Leben fühle ich mich wie gelähmt. Ich würde gerne anders reagieren und mich anders verhalten, aber ich schaffe es nicht. Es ist, als ob mein Gehirn auf Autopilot umgeschaltet hat und ich nicht mehr eingreifen kann.

Meine gesamten Gedanken, Gefühle und Reaktionen scheinen automatisiert abzulaufen. Machtlos muss ich in solchen Momenten mit ansehen, wie ich mit Vollgas auf eine Wand oder einen Abgrund zusteuere. Mir ist bewusst, dass ich mit dem Verhalten, das ich an den Tag lege, nicht weiterkomme, sondern lediglich einen Frontalzusammenstoß beziehungsweise einen Absturz provoziere.

Panisch versuche ich noch, eine Vollbremsung hinzulegen, auszuweichen oder das Ruder herumzureißen, um das Unheil zu verhindern. Doch der Autopilot lässt sich nicht mehr ausschalten. Wie gelähmt sitze ich vor der Schaltzentrale, des Zugs, in dem ich mich befinde, und muss bei vollem Bewusstsein zusehen, wie der Autopilot weiter in Richtung Verderben rast.

Er ist vollkommen außer Kontrolle geraten. Nichts lässt sich mehr steuern. Selbst der Notausschalter ist defekt! Alle möglichen Warnsignale blinken rot und orange auf, aber ich kann nichts ändern. Manchmal scheint es mir sogar so, als ob sich das Tempo, in dem ich auf die Wand oder dem Abgrund zurase, noch weiter beschleunigt, je mehr ich versuche, die Kontrolle zurückzugewinnen und mein Verhalten zu stoppen. Früher oder später muss ich schließlich den Tatsachen ins Auge sehen, der Crash oder Absturz ist in den meisten Fällen unvermeidbar. Aus Angst vor dem Schaden und den Schmerzen, die gleich folgen werden, schließe ich die Augen und lasse mich treiben. Gegen den Autopiloten in meinem Kopf kann ich nicht ankämpfen. Sobald er aktiviert ist, lässt er sich nicht mehr kontrollieren oder abschalten. Erst der Schmerz des Aufpralls lässt mich die Kontrolle über mein eigenes Ich und mein Handeln zurückgewinnen."

„Puh", schnaufte ich, „das ist heftig, wenn es dir nicht gelingt, den Aufprall oder den Absturz zu verhindern, obwohl du mit aller Kraft dagegen ankämpfst. Das ist sicherlich sehr deprimierend und frustrierend für dich."

Sie nickte. „Das ist es. Sobald ich mit voller Geschwindigkeit auf die Mauer oder den Abgrund zustürze, weiß ich eigentlich schon, was kommt. Wenn der Autopilot eingeschaltet ist, habe ich keinerlei Kontrolle mehr über die Geschwindigkeit und die Richtung, in die ich mich bewege."

„Also gibt es keine Möglichkeit für dich, den Zug anzuhalten und den Crash zu umgehen?", fragte ich nach. Wobei diese Frage eher schon eine Feststellung war.

„Jain. Nicht direkt", wurde ich jedoch sofort berichtigt. „Bei voller Fahrt, wenn der Autopilot die Kontrolle über alle Systeme übernommen hat, ist eine Vollbremsung oder ein Richtungswechsel nicht mehr möglich. Das stimmt. Aber eine Möglichkeit für mich, um die Kontrolle erst gar nicht zu verlieren, und es nicht so weit kommen zu lassen, ist, dass ich von dem Zug abspringe, bevor er überhaupt anfängt, Fahrt aufzunehmen.

Wenn ich auf mich selbst achte und aufmerksam in mich hinein spüre, merke ich, wenn die Anspannung in mir ansteigt, und kann dem entgegenwirken. So kann ich verhindern, dass mein Verhalten in automatische, altgewohnte Bahnen gerät.

Das heißt, ich verändere oder verlasse die Situation, solange ich noch dazu in der Lage bin, also bevor der Autopilot überhaupt Zeit hat, sich anzuschalten. Das gelingt mir jedoch nur, wenn ich achtsam bin und auf jede Gefühlsveränderung in mir achte. Bis ich allerdings meinen Körper so gut kennengelernt habe und exakt einschätzen konnte, wann es gefährlich wird und wann nicht, habe ich logischerweise eine Menge Übung gebraucht.

So etwas lernt niemand von heute auf morgen. Und erst recht niemand, der so wie ich, jahrelang null auf seinen Körper geachtet und seine Gefühle durchgehend ignoriert hat. Dementsprechend sind die einen oder anderen Fehlversuche bei dieser Methode vorprogrammiert gewesen. Wobei man auch nie außer Acht lassen sollte, dass sich mein automatisches Verhalten in Stresssituationen (mein Autopilot) ebenfalls nicht von einem auf den anderen Tag entwickelt und fest programmiert hat.

Es hat Monate oder sogar Jahre gedauert, bis mein Autopilot so reagiert und handelt, wie er es heute tut. Er wurde von vielen negativen, aber auch positiven Erfahrungen geprägt. Jede seiner Reaktionen hatte irgendwann mal einen wichtigen Sinn. Manche dieser Reaktionen ergeben auch heute noch einen Sinn. Aber die meisten seiner Programmierungen sind inzwischen eher hinderlich als nützlich für mich.

Wobei wir bei dem nächsten Problem wären. Bei meinem Autopiloten im Kopf kann ich nicht einfach eine Reset-Taste drücken, neue Programmierungen vornehmen oder das alte Programm mit einer neuen Software überspielen. Das kann ich bei einem Computer machen, jedoch nicht bei meinem Gehirn. Ich kann nichts vergessen, löschen oder beseitigen. Das funktioniert nicht, aber ich kann neue Dinge dazu lernen, und alte Denk- und Verhaltensweisen umtrainieren. Das ist zwar eine durchaus zeitraubende und mühselige Arbeit, die eine Menge Geduld und Durchhaltevermögen kostet, doch das Ergebnis, das ich damit erzielen kann, lässt sich sehen.

Häufig dauert es Jahre, bis ich eine Programmierung bei meinem Autopiloten geändert habe. Rückschläge gehören in dieser Zeit leider – besonders in den ersten Wochen – fast täglich dazu. Trotzdem probiere ich weiter aus und verliere mein Ziel dabei nicht aus den Augen. Durch regelmäßige Übungen gelingt es mir dann irgendwann, anstatt altgewohnter Verhaltensweisen bei Stress, neue, gesunde Fähigkeiten anzuwenden. Zum Beispiel mache ich jetzt Sport, anstatt mich selbst zu verletzen. Jedoch geht jede (Verhaltens-)Veränderung immer nur schrittweise voran. In kleinen Schritten versuche ich, neue Wege zu finden, die um die Mauer oder den Abgrund herumführen und somit einen Crash, Zusammenstoß oder Absturz verhindern."

16. Das Gefühl, alles falsch zu machen

„Manchmal scheint es auch während der Übungs- und Umprogrammierungsphase so, als würde ich, obwohl in den letzten Wochen alles super funktioniert hatte, trotzdem wieder nach all der Übung in alte Bahnen zurückfallen. Ich sehe schon die Mauer oder den Abgrund, der auf mich zurast, aber im letzten Moment merke ich, dass die Gleise des Zugs haarscharf um die Mauer oder den Abgrund herumführen. In solchen Augenblicken wird mir immer wieder bewusst, wie schmal der Grat zwischen abstürzen und auf dem Seil ausbalancieren ist."

Sie machte eine Pause und seufzte.

„Und manchmal – zu Beginn etwas häufiger und nach einer Weile eher seltener – gibt es leider ab und zu auch mal einen riesen Schlag und ich krache trotz Gegenlenkens und Bremsversuchen gegen die Mauer oder stürze in einen Abgrund.

Dann heißt es jedoch für mich nicht aufgeben, liegen bleiben und resignieren, sondern erneut aufstehen, den Schmutz abklopfen, und aus der negativen Erfahrung zu lernen! Weil, nur wer negative Erfahrungen macht, die Chance hat, daraus zu lernen und an seinen Reaktionen zu arbeiten.

„Außerdem", fügte sie mit einem Grinsen hinzu, „ist ein Fehlversuch ebenfalls eine bedeutsame Erfahrung. Denn dadurch lerne ich, wie es nicht funktioniert. Doof wird es nur, wenn man, so wie ich, ein überdurchschnittliches Talent hat, erst nach dem zwanzigsten Fehlversuch einen erfolgreichen Durchlauf zu starten."

„Aus Fehlern lernt man bekanntlich", versuchte ich, sie aufzubauen. „Manchmal muss man mit dem Kopf gegen die Wand rennen oder einen Abgrund hinunterstürzen, um zu merken, dass man mit diesem Verhalten oder Denken nicht weiterkommt. Und in manchen Fällen muss man mehrmals eine schmerzhafte Erfahrung machen, um seine Reaktion wirklich ändern zu können. Das geht nicht ausschließlich dir so. Ich habe genauso schon Fehler gemacht, die ich als Fehler erkannt habe und dennoch mehrfach wiederholt habe, bevor ich mein Verhalten ändern konnte. Das ist nichts Schlimmes! Davon geht die Welt nicht unter!"

Die Bordi dachte kurz nach, bevor sie leicht zögerlich antwortete:

„Ja, frustrierend wird es aber, wenn man das Gefühl hat, alles falsch zu machen. Egal, was ich denke, fühle, wie ich reagiere oder welche Entscheidung ich treffe – jedes Mal habe ich das Gefühl, dass es nicht richtig ist.

An manchen Tagen ist es sogar so schlimm, dass ich denke, dass das Einzige, was ich wirklich perfekt kann, ist prinzipiell jeden Fehler zu machen, der überhaupt möglich ist.'"

„Das glaube ich nicht!", widersprach ich ihr direkt, ohne lange zu zögern.

„Ich denke, den einzigen Fehler, den du wirklich andauernd und regelmäßig begehst, ist, dass du es versuchst, es allen anderen recht zu machen und dich selbst dabei vergisst.

Du legst viel zu viel Wert darauf, was andere von dir denken und versuchst, das widerzuspiegeln, was sie sehen wollen. Und das ist ein gewaltiger Fehler, denn du wirst es nie jedem recht machen können. Es wird immer mindestens eine Person dabei sein, der dein Verhalten, deine Meinung, Denkweise, Entscheidung etc. nicht gefällt und die dich deswegen kritisiert.

Trotzdem bedeutet das nicht, dass du etwas falsch gemacht hast. Das ist kein Fehler, sondern normal und menschlich. Jeder Mensch ist ein

Individuum. Was der eine super gut findet, gefällt dem anderen absolut gar nicht. Dementsprechend ist es unmöglich, alle Meinungen zu berücksichtigen, mit einzubeziehen und es allen recht zu machen. Die einzige Person, die von der Richtigkeit deiner Entscheidung, deines Tuns und deiner Gedanken überzeugt sein muss, bist du selbst! Wenn es sich für dich richtig anfühlt, ist es richtig! Du und dein eigenes Gefühl sind der Maßstab und nicht die Gedanken und Meinungen anderer."

Aufmunternd lächelte ich sie an, weil sie weiterhin ungläubig wirkte. Um sie von seinen eigenen Fähigkeiten und Stärken zu überzeugen und ihre extremen Selbstzweifel abzubauen, musste ich wohl noch ein bisschen mehr leisten.

„Außerdem gehören falsche Entscheidungen, unpassende Verhaltensweisen oder Reaktionen fest zum Leben dazu", ergänzte ich.

„Kein Mensch wird allwissend geboren. Jeder von uns muss erst Erfahrungen sammeln, um daraus zu lernen. Dazu gehören leider auch zwangsläufig negative und nicht ganz so schöne Erfahrungen.

Hätten wir gewisse Fehler in unserem Leben nie begangen, wäre uns sicherlich manchmal eine Menge Unangenehmes erspart geblieben, aber uns würde auch ein Teil unseres heutigen Wissens fehlen. Solange man aus seinen Fehlern lernt, sie sich selbst eingesteht und für eventuelle Folgen geradesteht – gibt es keine falschen Entscheidungen oder Reaktionen. Fehler sind lediglich falsch gewählte Wege in unserem Leben, die uns erst über Umwege zum Ziel führen. Durch diese Umwege lernen wir die Umgebung besser kennen und erhöhen unsere Ortskenntnis. Diese erleichtert es uns beim nächsten Mal, entweder direkt den richtigen Weg zu finden oder uns schneller zu orientieren, falls wir erneut an einer Weggabelung falsch abbiegen. Des Weiteren können uns auf unseren Irrwegen unter Umständen auch ganz schöne Dinge begegnen, die wir auf dem normalen, richtigen Weg gar nicht entdeckt hätten.

Das Leben ist keine Mathematikaufgabe, bei der es nur eine einzige richtige Lösung gibt. Sondern es gibt viele richtige Wege. Wenn du etwas für richtig hältst, dann solltest du es tun und dich nicht von den Meinungen anderer irritieren lassen. Alles, was du denkst, fühlst und wie du handelst, ist richtig – solange du es als richtig empfindest und dabei kein anderer zu Schaden kommt oder ein Gesetz gebrochen wird."

17. Alleine unter vielen

„Hmmm... kann sein...", antwortete sie mit unsicherer, wenig überzeugter Stimme.

Anhand ihrer Mimik und Körpersprache konnte ich erkennen, dass sie nicht so ganz von dem überzeugt war, was ich ihr gerade gesagt hatte. Aber immerhin widersprach sie mir nicht direkt. Das war wenigstens schon ein kleiner Fortschritt! Mit positiven Rückmeldungen oder Lob konnte die kleine, zerzaust wirkende Frau nämlich augenscheinlich nicht so gut umgehen!

„Kennst du das Gefühl, mitten in einem menschenüberfüllten Raum zu sein und dich trotzdem einsam zu fühlen?", stellte sie plötzlich aus dem Nichts heraus eine mehr als ungewöhnliche Frage, die in meinen Augen gar keine Frage, sondern ein Widerspruch in sich war.

Offensichtlich wollte sie so schnell wie möglich das für sie unangenehme Thema abschließen und zu einem Neuen übergehen, und ihr war auf die Schnelle nichts anderes eingefallen. So kam es mir zumindest vor. Denn für mich machte diese widersprüchliche Frage überhaupt keinen Sinn. So sehr ich mich auch bemühte zu begreifen, was sie mir „eigentlich" damit sagen wollte, ich konnte keine Bedeutung oder Aussage hinter diesen verwirrenden Worten erkennen.

Deshalb entgegnete ich ihr leicht irritiert von der Frage und davon, wie sie überhaupt auf dieses Thema kam.

„Nein, wie soll das gehen? Wenn ich mich in einem Raum voller Menschen befinde – wie soll ich mich da einsam fühlen? Das ist unmöglich! Einsam fühle ich mich nur, wenn ich vollkommen alleine bin. Wenn ich niemanden zum Reden habe, keinen, der mir Gesellschaft leistet, der für mich da ist oder mir zur Seite steht. Also: wenn ich komplett auf mich selbst gestellt bin.

Aber sobald sich weitere Personen in meiner unmittelbaren Nähe befinden, bin ich nicht mehr alleine und somit rein theoretisch auch nicht länger einsam. Dementsprechend verstehe ich deine Frage nicht. Wie soll man sich mitten unter Menschen einsam und alleingelassen fühlen? Das ist in meinen Augen ein Ding der Unmöglichkeit! Das geht nicht."

Ohne auf meine Aussage einzugehen oder etwas dazu zu sagen, ging Bordi zielstrebig auf mich zu und nahm mich an der Hand. Kurz darauf begann sich, wie die Male zuvor, alles um mich herum zu drehen und vor meinen Augen wurde es schwarz.

Als ich kurz darauf meine Augen wieder öffnete, befand ich mich in einer mir fremden Innenstadt. Um mich herum tummelten sich unzählige Menschen. Es herrschte ein wildes Gedränge und alle Leute liefen kreuz und quer durcheinander. Doch trotzdem schien jeder dieser Menschen ein klares Ziel zu haben und genau zu wissen, wo er hinwollte. Jeder – außer mir.

Ich stand regungslos in der Mitte dieser Menschenmasse und beobachtete nur, was um mich herum geschah. Niemand schien mich großartig zu beachten. Bei manchen Passanten bezweifelte ich sogar, dass sie mich überhaupt registriert hatten.

Erst kurz bevor sie mit mir zusammenstießen, schauten sie verwundert an mir hoch, murmelten ein eiliges „Entschuldigung" und setzten anschließend ihren Weg fort. Die meisten von ihnen waren so sehr mit sich selbst und dem Verfolgen ihrer eigenen Ziele beschäftigt, dass sie die Begegnung mit mir vermutlich bereits nach wenigen Schritten wieder vergessen hatten.

Ratlos blickte ich die Bordi an. Ich hatte keinen Plan davon, wo ich mich befand und was ich hier sollte. Ich kam mir vollkommen fehl am Platz vor – so, als ob ich nicht hierhergehören würde. Mein Verhalten passte nicht zu dem meiner Mitmenschen. Dieses Anderssein – mich nicht so zu verhalten, wie alle anderen Personen in meiner Umgebung, nicht wissen, was von mir erwartet wurde, in welche Richtung ich mich bewegen sollte etc. – löste ein ungutes, fast schon befremdliches Gefühl in meiner Magengegend aus.

Obwohl ich mich mitten in einer Ansammlung von Menschen befand, fühlte ich mich plötzlich einsam, verloren, verlassen und leicht hilflos. Doch das registrierte niemand, da die meisten Personen um mich herum so sehr mit sich selbst beschäftigt waren, dass sie keine Zeit und/oder Interesse hatten, auch noch auf die Mitmenschen in ihrer Umgebung zu achten. Langsam begriff ich, was sie mir mit ihrer Frage sagen wollte: Ja, man konnte sich, selbst wenn man sich unter anderen Menschen befand, trotzdem einsam und verlassen fühlen.

Das musste ich gerade am eigenen Leib erfahren.

Als ob sie genau wüsste, was ich gerade dachte und fühlte, beendete sie ihr Schweigen.

„Dieses Gefühl, das du aktuell verspürst, fühle ich so gut wie täglich. Fast alle Personen, denen ich begegne, sind so sehr mit sich selbst, ihren eigenen Problemen, dem Erreichen ihrer eigenen Ziele und so weiter beschäftigt, dass sie mein zum Teil orientierungsloses und hilfloses Verhalten im Leben nicht wahrnehmen.

Sie bleiben, wenn überhaupt, kurz stehen, starren mich an und setzen anschließend ihren eigenen Weg fort. Die Wenigsten bleiben stehen, erkundigen sich nach meinem Befinden und ob sie mir beim Erreichen meiner Ziele beziehungsweise der Suche danach behilflich sein können. Und noch weniger von ihnen nehmen mich an die Hand und begleiten mich einen Teil meines Weges oder helfen mir auf, wenn ich am Boden liege.

In vielen Situationen in meinem Leben fühle ich mich kraftlos, schlapp, hilflos und ohne jegliche Orientierung. In genau solchen Momenten wünsche ich mir sehr oft Unterstützung von meiner Umwelt. Doch, obwohl sich meist mehr als genug Menschen um mich herum befinden, bin ich trotzdem sehr oft auf mich alleine gestellt. Die Leute laufen umher, nehmen mich gar nicht wahr oder werfen mir lediglich verächtliche Blicke zu, wenn ich ihnen im Weg stehe und sie um mich herumlaufen müssen. So kommt es dazu, dass ich mich selbst mitten unter anderen Menschen auf gewisse Weise einsam und verlassen fühle. So wie du gerade."

Sie ließ ihren Blick durch die Menschenmenge schweifen, die noch immer unbeirrt um uns herumlief. Wenn einer von zehn Personen, die an uns vorbeikamen, uns wahrnahm – wir sprechen von Sehen, nicht beachten! – war das schon viel!

„Glücklicherweise gibt es aber auch einige wenige Menschen, die zu jeder Zeit zu mir stehen und die nicht einfach an mir vorbeilaufen und mich ignorieren", ergänzte sie hoffnungsvoll.

„Diese Menschen begleiten mich in schlechten Zeiten genauso wie in guten. Sie würden mich nicht, wie die Mehrheit der Gesellschaft, einfach stehen lassen. Diese Personen sind meine echten Freunde!"

Bei dem letzten Satz huschte ein stolzes Lächeln über ihr Gesicht.

18. Mein Leben kam ohne Bedienungsanleitung

„Alle meine Mitmenschen scheinen einen klaren Weg vor Augen zu haben und exakt zu wissen, wo sie im Leben hinwollen, welche Ziele sie haben und wie sie dorthin kommen. Ich hingegen stehe regungslos da, beobachte das wilde Treiben um mich herum und frage mich, was ich hier überhaupt soll.

Zu gerne würde ich ebenfalls ein klares Ziel vor Augen haben, mich in die richtige Richtung bewegen, einfach so sein wie alle anderen. Aber es gelingt mir nicht. Oft kommt es mir so vor, als ob ich komplett plan- und orientierungslos durch mein Leben irren würde, in der Hoffnung, irgendwann, durch Zufall, an meinem Ziel anzukommen.

Was genau mein Ziel ist, weiß ich jedoch selbst nicht so genau, denn meine Richtung, in die ich mich bewege, ändere ich ja ständig. Mal gehe ich drei Schritte nach rechts, anschließend vier Schritte nach vorne und danach einen Schritt zurück. Und im Endeffekt kommt es mir häufig so vor, als würde ich mich lediglich im Kreis um meine eigene Achse drehen. Mir fällt es unwahrscheinlich schwer, eine Orientierung im Leben zu finden.

Es ist, als ob mir der Stadtplan fehlen würde", erzählte sie.

„Wie bei einem unbekannten Elektrogerät, zu dem es keine Bedienungsanleitung gibt, probiere ich an irgendwelchen Knöpfen und Schaltern herum, in der Hoffnung und dem Glauben, irgendwann den richtigen zu finden."

Nachdenklich hörte ich ihr zu, bevor ich vorsichtig entgegnete:

„Ich glaube, du machst dich oft schlechter, als du eigentlich bist. Wie ich dir vorhin bereits versucht habe zu sagen, bin ich fest davon überzeugt, dass du tief in deinem Innern genau weißt, was du willst und was du nicht willst.

Das Problem ist, dass du dich von der Meinung anderer so beeinflussen und aus dem Konzept bringen lässt, dass du deine Ziele direkt wieder aus dem Blick verlierst. Sobald jemand zu dir sagt, dass es unmöglich sei, das zu erreichen, dass du das nie schaffen wirst oder dass das ein falscher' Weg sei, brichst du dein Vorhaben ab und änderst die Richtung.

Dir fehlt es eindeutig an Selbstvertrauen und Selbstwertgefühl. Du versuchst, für andere perfekt zu sein. Du versuchst, das zu erreichen, was andere von dir erwarten und von dir wünschen. Und genau das ist falsch! Natürlich fühlt es sich nicht richtig an, wenn man ein Ziel verfolgt, das man selbst eigentlich gar nicht erreichen will! Natürlich fehlen einem dafür die Motivation und das Durchhaltevermögen! Deshalb ist es mehr als verständlich, dass es dir nicht gelingt, lange in eine Richtung zu laufen.

Es wird nämlich immer jemanden geben, der dir sagt, dass das, was du machst, Sche**e ist, der dich kritisiert und dich von deinem aktuellen Weg abbringen will. Von solchen Leuten solltest du dich allerdings nicht irritieren lassen!

Bleibe dir selbst und deinen eigenen Zielen treu, dann wirst du sie auch erreichen. Tief in deinem Innern weißt du nämlich genau, was für dich richtig ist. Und das solltest du auch tun.

Du schaffst alles, was du willst, solange du von deinen Vorhaben überzeugt bist und dafür kämpfst! Verlasse dich bei Entscheidungen auf dein Bauchgefühl und fange endlich an, dir selbst zu vertrauen und dir etwas zuzutrauen! Hindernisse sind da, um überwunden zu werden!"

Ich machte eine kurze Atempause, um Luft zu holen. Doch noch bevor sie mir Widerworte geben konnte, fuhr ich fort: „Du bist genauso wertvoll wie alle anderen Menschen auf dieser Welt. Du brauchst dir deinen Wert und die Anerkennung der anderen nicht jeden Tag aufs Neue zu erarbeiten.

Deine Mitmenschen mögen dich so, wie du bist und nicht wegen dem, was du leistest. Kein Mensch bekommt bei der Geburt eine Gebrauchsanweisung fürs Leben in die Hand gedrückt. Jeder Mensch muss seinen eigenen Weg finden und sich auf dieser Welt zurechtfinden. Dafür gibt es keine Standardanleitung.

Setze deine Wünsche und Träume in die Tat um und schwimme, wenn es sein muss, gegen den Strom.

Es ist dein Leben, indem du deine Ziele selbst bestimmst und eigenständig deine Wege dorthin wählen kannst. Es ist deine Entscheidung, welche Richtung du einschlägst und ob du diese beibehalten möchtest oder wieder umkehrst.

Werde der eigene ‚Chef' von deinem Leben und lasse dir nicht von anderen vorschreiben, was ihrer Meinung nach das Beste für dich ist. Du kennst dich selbst am besten – auch wenn du da anderer Meinung bist. Gehe deinen eigenen Weg, kämpfe für deine Träume und achte auf dich selbst, dann wirst du merken, dass du gar nicht so orientierungslos bist, wie du immer annimmst. Auch wenn das jetzt hart klingt – ich meine es nur gut mit dir. Du bist so eine tolle Persönlichkeit. Fang endlich an, an dich zu glauben und auf die Meinung und Aussagen anderer zu pfeifen!"

Mit leicht offenem Mund und sprachlos starrte sie mich an. Mit solch einer Reaktion von mir hatte sie wohl nicht gerechnet. Aber da war sie nicht die Einzige. Auch ich war von meinem Vortrag etwas verwundert und schockiert.

Normalerweise war es nicht meine Art, anderen Menschen Mut zu machen, sondern ich war eher der Typ, der andere Leute niedermachte, oder wenn jemand am Boden lag, lachend vorbeilief.

Auf magische Weise zeigte sie mir Verhaltensweisen von mir auf, die ich zuvor noch nie an den Tag gelegt hatte. Bewusst oder unbewusst taute sie immer mehr das Eis in meinem Innern auf und deckte damit meine eingefrorenen Gefühle Stück für Stück auf und mit ihnen alte Erinnerungen.

Denn das, was ich ihr gerade geraten hatte, waren mehr oder weniger exakt die Worte meiner Oma. Als ich noch ganz klein war und weinte, weil meine Freunde nicht mit mir spielen wollten, ich auf dem Spielplatz geärgert oder in der Schule gehänselt wurde, nahm sie mich immer auf den Schoß, wischte mir die Tränen mit ihrem Stofftaschentuch weg und sagte:

„Junge. Du musst es im Leben niemandem recht machen – nur dir selbst. Deine eigene Meinung und deine Ziele sind wichtiger als die Meinung und die Ansichten der Masse."

19. Ein echter Kämpfer

„Du bist ein echter Kämpfer!", bestärkte ich sie.

„Was du in deinem Leben gemeistert hast, das ist nicht alltäglich! Du lagst bereits mehrmals am Boden und bist dennoch immer wieder aufgestanden. Egal, wie aussichtslos manche deiner Lebenslagen für Außenstehende auch wirkten – du hast allen gezeigt, was in dir steckt und hast dich mit unendlich viel Durchhaltevermögen zurück ins Leben gekämpft.

Was du schon alles geschafft hast und jeden Tag weiterhin leistest, um nicht erneut abzustürzen, ist eine wahre Meisterleistung. Du siehst dein Talent und deine Stärken bloß nicht und redest dich andauernd selbst klein!"

Beschämt blickte meine Bordi zu Boden.

„Jeder muss in seinem Leben kämpfen. In den seltensten Fällen bekommt man etwas geschenkt. Alles, was man haben oder erreichen will, muss man sich hart erarbeiten. Das ist bei allen Menschen der Fall.

Der Unterschied zwischen einzelnen Menschen ist lediglich, dass es manche Leute einfacher haben als die anderen. Sie haben sozusagen bessere Voraussetzungen und günstigere

Startbedingungen als die, die härter für etwas kämpfen müssen."

Sie seufzte tief.

„Und dann gibt es noch die Gruppe von Menschen, die es besonders schwer hat. Zu dieser Gruppe gehöre auch ich.

Doch was nützt es mir, wenn ich deshalb meinen Kopf in den Sand stecke? Mich selbst oder gar mein Leben deswegen aufgebe? Oder resigniere? Das Leben ist viel zu schön und zu kurz, um es einfach so wegzuschmeißen!

In meiner Vergangenheit gab es mehr als einmal den Punkt, an dem ich alles beenden wollte, an dem ich nur noch einschlafen und nie wieder aufwachen wollte. Alles um mich herum schien dunkel, sinnlos und ohne jegliche Aussicht auf Hoffnung oder Besserung.

Aber irgendetwas hat mich selbst in diesen düsteren Zeiten am Leben gehalten. Wer oder was dieses Etwas war, das kann ich nicht genau benennen, doch es war da, denn sonst würde ich nicht mehr hier stehen. Dieses Etwas hat mir die Kraft und den Mut gegeben, mich jedes Mal erneut zurück ins Leben zu kämpfen."

Gedankenverloren blickte sie ins Leere. Ihre Augen wurden ganz glasig und ich konnte sehen, wie sie mit aller Macht gegen aufkommende Erinnerungen ankämpfte, bevor sie mit getäuscht fester Stimme weitererzählte.

„Ich glaube, es gibt eine Menge Menschen, denen es ähnlich wie mir geht. Nach außen hin wirken sie oft schwach, weil sie häufig traurig sind, eine Menge Probleme und Sorgen haben, nach Meinung anderer nichts auf die Reihe kriegen etc. Doch in Wirklichkeit sind diese Personen alles andere als schwach!

In meinen Augen sind genau diese Menschen im Grunde genommen viel stärker als die Menschen, die als stark angesehen werden. Denn augenscheinlich schwache Menschen kämpfen häufig tagtäglich gegen ihre Probleme an.

Selbst wenn es für Außenstehende bereits so aussieht, als hätte die Person sich selbst und ihr Leben schon längst aufgegeben, ist dem nicht so. Denn wer die Hoffnung und den Glauben daran aufgibt, es irgendwann aus dem dunklen Loch herauszuschaffen, ist nicht mehr am Leben. Wenn in einem Menschen keine Hoffnung mehr lebt, ist die Person nämlich tot.

Aus eigener Erfahrung weiß ich, dass es besonders in Extremsituationen im Leben sehr, sehr schwer bis unmöglich ist, an eine positive Wendung zu glauben und die Hoffnung auf eine bessere Zukunft nicht zu verlieren.

An manchen Tagen schafft man das einfach nicht. Zumindest nicht aus eigener Kraft. In solchen Momenten gibt es allerdings andere Menschen, die zu diesen schweren Stunden an unsere Kraft glauben und die Hoffnung für uns nicht aufgeben. Diese Menschen schaffen es, dass der letzte Funken Hoffnung in uns weiterglüht und nicht erlischt.

Wie eine Wache haben sie einen aufmerksamen Blick auf unser Lebensfeuer, das uns am Leben hält, und werfen immer dann, wenn es kurz vorm Ausgehen ist, neues Brennholz darauf, um es am Brennen zu halten. Manchmal dauert es Tage, Wochen, Monate oder sogar Jahre, an denen sie ununterbrochen neues Feuerholz suchen und zu uns bringen, um zu verhindern, dass unser Lebenslicht für immer ausgeht.

Egal, wie schwer es ist, sie verlieren nie die Hoffnung, dass wir irgendwann unsere Kraft wiederfinden und wieder selbstständig dazu in der Lage sind, Feuerholz zu suchen und unser

Feuer weiterbrennen zu lassen. Würden sie für uns keine Gründe zum Weiterkämpfen finden, wären wir verloren und würden sterben oder unserem Leben selbst ein Ende setzen.

Also diese wunderbaren Menschen, die den Glauben und die Hoffnung für uns nie verlieren und ausgehen lassen, halten uns auf gewisse Weise am Leben. Aus diesem Grund bin ich all meinen Freunden, Angehörigen und Bekannten dankbar dafür, dass sie an mich geglaubt haben, als ich selbst nicht mehr dazu in der Lage war. Ohne ihren Glauben an mich würde es mich vermutlich nicht mehr geben."

„Eine interessante Vorstellung! So habe ich das noch nie betrachtet. Um ehrlich zu sein, habe ich mir darüber auch noch nie genauere Gedanken gemacht", gestand ich meiner neuen Freundin.

„Warum ein Mensch lebt, weshalb jemand einen Lebenswillen besitzt oder nicht und so weiter, waren nie Themen, die mich beschäftigt haben.

Aber deine Erklärung finde ich faszinierend, logisch und leicht verständlich zugleich. Du meinst also, dass jeder Mensch von uns ein Feuer in sich trägt, das uns auf gewisse Weise am Leben hält. In diesem Feuer brennen unsere

Hoffnung, unser Glaube an uns selbst und unser Lebenswille. Geht es aus, sieht ein Mensch keinen Grund mehr darin, weiterzuatmen und stirbt.

Um dieses Feuer am Brennen zu halten, benötigt jeder Mensch Feuerholz – so wie im wahren Leben auch: ohne Brennstoff kein Feuer. Dieses Feuerholz sucht der Mensch normalerweise für sich selbst, um so seine Lebensmotivation aufrechtzuerhalten. Ist er jedoch zu schwach, zu müde oder zu antriebslos, können auch andere Personen diesen Job übernehmen, Feuerholz suchen, es der Person bringen und damit das Feuer aufrechterhalten."

„Genau. So ist es", bestätigte sie.

„Allerdings entscheidet die Person immer noch selbst, ob sie dieses Holz annimmt oder nicht. Wenn sie ihr Feuer nicht am Brennen halten will, sind auch andere machtlos. Diese Entscheidung ist der Person selbst überlassen.

Anders sieht es aus mit gewissen äußerlichen Bedingungen, die auf das Feuer einwirken können. Es kann zum Beispiel sein, dass man in sich ein hell brennendes Feuer trägt, und plötzlich kommt jemand vorbei und versucht es mit einem Eimer Wasser zu löschen, weil er einen niedermachen und demütigen will. Oder das Schicksal jagt einen Sturm über das Feuer und droht es zu erlöschen. Oder das gegenteilige Extrem ist der Fall: Ein anderer oder man selbst schüttet Benzin in das Feuer und die Flammen werden dadurch so gewaltig, dass sie drohen, alles andere um sich herum zu verbrennen und man wird größenwahnsinnig."

„Wow. Das ist ja eine echte Kunst, so ein Feuer in einer gesunden Größe aufrechtzuerhalten!", antwortete ich.

„Ja, das ist es wohl! Vor allem ist es eine Kunst, herauszufinden, welches Holz bei einem am besten brennt.

Das ist nämlich von Mensch zu Mensch unterschiedlich. Jeder Mensch hat andere Interessen, für die er brennt.

Für den einen ist es ein Job, für den anderen die Familie, für den dritten das Hobby, für den vierten die Freunde, und für den fünften noch mal etwas ganz anderes. Aber ein Brennholz, das für alle Lebewesen dieser Erde sehr wichtig ist und jedes Feuer leuchten lässt, sind die einfachen Sätze wie: ‚Ich brauche dich', ‚Ich mag dich so, wie du bist', ‚Du machst das gut' und ‚Du schaffst das!', Lob, Bestätigung und Anerkennung von außen sind kostenlos und gleichzeitig von ihrem Wert her unbezahlbar."

Mit einem großen Grinsen im Gesicht sagte ich der Bordi nach dieser Aussage sofort: „Ich finde dich toll. Du bist perfekt, so wie du bist, und ich bin froh, so eine einzigartige Persönlichkeit wie dich, kennengelernt zu haben."

Daraufhin musste sie ebenfalls grinsen.

20. Alles wirkt sinnlos...

Für ein paar Augenblicke schien meine Bordi dieses ernst gemeinte Lob von mir tatsächlich zu genießen. Im Ansatz wirkte sie sogar glücklich und zufrieden, doch dann wurde sie erneut ernst und fragte mich: „Weißt du, dass das Leben alles andere als fair ist?"

Aber anscheinend wollte sie auf diese rhetorische Frage mal wieder gar keine Antwort von mir haben, denn ohne mir die Chance zu lassen, dass ich ihr antworten konnte, redete sie ohne Pause weiter:

„Wenn ich meinen bisherigen Lebensweg anschaue, sehe ich einen äußerst steinigen, kurvenreichen Weg voller Höhen und Tiefen. Jedes Mal, wenn ich das Gefühl hatte, dass es gerade ‚gut' lief, ich alle Probleme gelöst und alle Schwierigkeiten unter Kontrolle hatte, kam der nächste Absturz oder ein weiteres Hindernis, das es zu überwinden galt.

In meinem Leben gab es schon von Anfang an immer irgendwelche Idioten, die meinten, mir Steine in den Weg legen zu müssen, versucht haben, mich aus der Bahn zu werfen oder zu Boden zu zwingen. Vermutlich waren diese

Menschen unzufrieden mit sich selbst, kamen mit ihrem eigenen Leben nicht klar, waren frustriert, deprimiert oder sonstiges – wer weiß schon, was in den Köpfen dieser Leute vorgeht?

Aus irgendeinem Grund haben sie auf jeden Fall gedacht, dass sie ihre Wut und ihre Aggressionen an mir auslassen und mir somit das Leben zur Hölle machen könnten.

Keine Ahnung, wieso, aber im Laufe der Zeit bin ich immer wieder in regelmäßigen Abständen auf solche Idioten gestoßen. Zeitweise dachte ich schon, ich sei verflucht. Irgendetwas an mir muss die Ausstrahlung haben: ‚Hey! Mit mir kann man alles machen. Egal, ob mobben, missbrauchen, schlagen, treten, beschimpfen – ich lasse alles über mich ergehen, ohne mich zu wehren'...

Immer wieder und wieder schien sich meine Vergangenheit wie in einer Endlosschleife zu wiederholen. Waren die einen Idioten weg und der Schaden von ihnen behoben, kam der nächste Idiot, um alles, was ich gerade erneut aufgebaut hatte, wieder zu zerstören.

Manche dieser Ar***löcher hatten mich sogar so weitgebracht, dass ich nicht mehr leben wollte. Sie haben mir mit Gewalt meinen Lebenswillen zerstört und mir den Mut zum Weiterkämpfen genommen. Durch ihr gewalttätiges und demütigendes Verhalten habe ich mich gefühlt wie Abfall. So schmutzig, so wertlos, einfach vollkommen überflüssig und zu nichts zu gebrauchen.

Irgendjemand hatte mich benutzt, und als ich nicht mehr zu gebrauchen war, weggeschmissen beziehungsweise fallen gelassen, weil er für mich keine weitere Verwendung mehr hatte und mich nicht länger gebrauchen konnte. Und nun lag ich dort schon seit geraumer Zeit wie ein Häufchen Elend am Boden.

Um mich herum befanden sich zwar unzählige Menschen, doch niemand machte Anstalten, sich nach mir zu bücken, mich aufzuheben oder zumindest eine helfende Hand zu reichen. Ich war komplett auf mich alleine gestellt.

Wie bei Müll, der am Boden liegt, liefen die meisten mit einem demonstrativ in die andere Richtung gerichteten Blick an mir vorbei. So in dem Sinne: ‚Sehe ich nicht – gibt es nicht!‘, Andere beschwerten sich darüber, dass es so etwas nicht geben kann, wer denn so etwas mache, was ich dort unten am Boden überhaupt suche und so weiter. Jedoch halfen auch sie mir nicht auf, sondern beschwerten sich nur über

mich, weil ich ihnen im Weg lag oder die ‚Umwelt'
schlecht und schmutzig aussehen ließ. So eine
Person, die am Boden lag, warf schließlich
kein besonders gutes Licht auf das ansonsten
so schöne und saubere Gebiet. Und wiederum
andere ignorierten mich und trampelten sogar
noch über mich drüber."

Ihre Miene war äußerst angespannt, fast
schon wutverzerrt. Ich konnte sehen, dass sie
mit ihren Gefühlen kämpfte. Einerseits war
sie extrem traurig, geknickt und deprimiert,
und andererseits zeigte ihr Blick und ihr
Gesichtsausdruck Hass und Verachtung. Das
erste Mal seit Gesprächsbeginn schien sie nicht
auf sich wütend zu sein, sondern auf die Leute,
die sie so herablassend und menschenunwürdig
behandelt hatten.

„Dieses Gefühl so ‚kaputt', verletzt, schwach,
deprimiert, weggeworfen, zerstört und ohne
jegliche Hoffnung am Boden zu liegen, war mehr
als bescheiden", erzählte sie tapfer weiter, „wie
es sich anfühlt, so behandelt, ignoriert und
verachtet zu werden, ist gar nicht in Worte zu
fassen.

Dieses Gefühl ist schlimmer als die Vorstellung,
am folgenden Tag nicht mehr zu leben.

Der (Frei-)Tod erschien mir zeitweise als bessere Alternative, als jeden Tag aufs Neue (vergeblich) zu kämpfen und zu scheitern. Egal, wie sehr ich mich anstrengte und wie oft ich versuchte, aufzustehen, und meinen Wert zurückzuerlangen – irgendetwas schien mich jedes Mal festzuhalten und zurück auf den Boden zu ziehen.

Es war, als ob sich unsichtbare Ketten um meinen Körper gelegt hätten und mir dadurch das Aufstehen unmöglich machten. Je mehr ich mich gegen diese Fesseln wehrte, desto fester schienen sie sich zuzuziehen. Ich war wie gefangen. Von Tag zu Tag spürte ich, wie meine Kraft weniger wurde, meine Hoffnung zunehmend weiter schwand und alles um mich herum nur noch sinnlos und trostlos wirkte.

Meine Gefühls- und Gedankenwelt verfärbte sich erst in ein dunkles Grau und wenige Zeit später gab es selbst das nicht mehr. Jegliche Farbe und somit auch jegliche Freude, das gesamte Glück – überhaupt alles positive – schien aus meinem Leben zu verschwinden. Meine komplette Umgebung, mein gesamtes Umfeld, einfach alles um mich herum wirkten auf mich nur noch tiefschwarz und düster. In meinem Innern herrschten ausschließlich Traurigkeit,

Einsamkeit und endlose Leere. Andere Emotionen oder positive Gedanken schien es für mich nicht mehr zu geben. Es war, als ob ich mein Lachen verloren hätte.

Ich wusste zwar, dass es so etwas wie Freude und Glück gibt und ich es auch schon irgendwann mal erlebt hatte, doch wie sich das anfühlt, das hatte ich bereits vergessen.

Mein Körper fühlte sich seltsam fremd an, so als ob er nicht mehr zu mir gehören würde. Überhaupt kam mir mein gesamtes Leben zu dieser Zeit wie ein Film vor. Alles war so unwirklich und so weit weg. Im Alltag funktionierte ich wie ein Roboter und versuchte, den ganzen Anforderungen und Aufgaben standzuhalten, diese bestmöglich zu lösen und mir nichts anmerken zu lassen – doch am Ende funktionierte selbst das nicht mehr.

Selbst einfache Dinge wurden für mich plötzlich zu unüberwindbaren Hindernissen. Es fühlte sich an, als würden Hunderte von Kilo Gewicht, die ich tagtäglich mit mir herumtragen musste, auf meinen Schultern lasten.

Die Ketten der Depression zogen sich immer weiter um meinen Brustkorb zusammen und nahmen mir die Luft zum Atmen. Ich hatte das Gefühl, als ob ich jeden Tag innerlich ein kleines

Stückchen mehr sterben würde. Ich schien in meiner eigenen Traurigkeit zu ertrinken. Meine Gefühle waren tot, obwohl ich körperlich noch lebte.

Bis zu diesem Zeitpunkt war mir noch nicht bewusst gewesen, dass ein Mensch so traurig sein kann, dass er nicht einmal mehr weinen kann. Mein Leben und jeder weitere Atemzug wurde für mich zu einer einzigen Qual. Ich sah keinen Sinn mehr darin, zu kämpfen oder mich überhaupt irgendwie zu bewegen. Ich war mit meinen Nerven am Ende und fühlte mich völlig ausgelaugt.

Doch mein eiserner Überlebenswille ließ es nicht zu, dass ich aufgab. Selbst, als ich der festen Überzeugung war, dass es wohl besser für mich und meine Mitmenschen wäre, wenn ich einen Schlussstrich ziehen würde, hat er weitergekämpft.

Anfangs war es lediglich eine ganz leise Stimme, die mit einem zaghaften Flüstern gegen meine Suizidgedanken und meine negative Einstellung zum Leben protestierte. Aber mit der Zeit wurde sie immer lauter und selbstsicherer. Irgendwann schrie mich diese Stimme in meinem Kopf förmlich an, dass Selbstmord meine Probleme nicht lösen würde. Es wäre lediglich ein feiges Davonlaufen. Und da hatte mein Überlebenswille recht. Ich musste endlich damit aufhören, mir die Schuld für etwas zu geben, für das ich gar nicht verantwortlich war, mir um alles Sorgen zu machen und mir über Vergangenes, das nicht mehr zu ändern war, den Kopf zu zerbrechen.

Ich sollte oder durfte den Menschen, die mich seelisch zerstören wollten, nicht den Gefallen tun und aufgeben! Wenn ich mich jetzt umbrachte, war es genau das, was sie bezwecken wollten. Und diesen Triumph wollte und durfte ich ihnen nicht schenken!

Also fing ich an, meine Aggressionen, meine Wut und meinen Hass, den die Arschl***er mit ihrem asozialen Verhalten bei mir ausgelöst hatten und den ich bis jetzt an mir selbst ausließ, zurück gegen sie zu richten.

Beziehungsweise genau genommen setzte ich diese Wut dazu ein, um mich zurück ins Leben zu kämpfen. Denn mir war klar, wenn ich irgendwann vor den Idioten stehe, die mich so gedemütigt und niedergemacht hatten, ihnen ins Gesicht lächele und sage: ‚Dumm gelaufen. Mich bekommt ihr nicht klein!', dann ist diese Aussage für sie mindestens genauso schmerzhaft, wie wenn ich sie beleidigen würde. Denn der Anblick und die Feststellung, dass ihr Plan, mich zu vernichten, gescheitert war, wäre sicherlich eine enorme Demütigung – wenn nicht sogar die größte die ich diesen Menschen antun könnte.

Täglich fing ich nun mehr an, die Dinge, die ich nicht (mehr) ändern konnte, als Teil meiner Vergangenheit zu akzeptieren, anstatt gegen sie anzukämpfen und bei irgendwelchen aussichtslosen Kämpfen meine sowieso schon wenigen Kräfte zu vergeuden.

Stattdessen konzentrierte ich mich auf die Dinge, die ich verändern konnte. Zum Beispiel mein negatives Denken, mein zerstörtes Selbstwertgefühl und mein kaum vorhandenes Selbstvertrauen. Erst gingen diese Veränderungen nur schleppend voran, doch schon bald fing ich an, über mich hinaus zu wachsen und jeden Tag darin besser zu werden."

Sie grinste mich an.

„Der Tag, an dem ich begriffen habe, dass ich aufhören muss, darauf zu warten, dass ein Wunder geschieht, und plötzlich, am besten über Nacht, alles wieder Friede, Freude, Eierkuchen ist, hat mir das Leben gerettet. Hätte ich nicht diese Einsicht gehabt, dass es Wunder nur im

Märchen gibt und dass ich selbst anfangen musste, etwas zu ändern, hätte mich die Depression sehr wahrscheinlich umgebracht.

Depressionen sind nämlich ganz fiese Dämonen, die sich in den Köpfen festsetzen und die Person nach und nach dazu bringen, den Sinn im Leben zu verlieren und sterben zu wollen. Überlässt man ihnen die Oberhand, bringen sie einen um.

Deshalb bin ich extrem froh, dass ich den Absprung geschafft habe. Mit viel Kraft und großem Energieaufwand habe ich meinen Depressionen den Kampf angesagt und mich Schritt für Schritt zurück ins Leben gekämpft. Immer mit dem Motto vor Augen: ‚Zeig denen, die dich fallen sehen wollen, dass du fliegen kannst!'"

Bei den letzten Sätzen spürte ich förmlich die Lebensmotivation meines Gegenübers. Diese Sätze waren nicht einfach so dahin gesprochen, sondern sie stand felsenfest dahinter. Das fand ich schön, zu sehen, dass sie inzwischen trotz seiner negativen Vergangenheit wieder so viel Optimismus und Lebensfreude zurückgewonnen hatte. Aber auf der anderen Seite machten mich ihre Worte auch sehr traurig.

Mit ihrer Erklärung hatte sie einen wunden Punkt bei mir getroffen. Auf schmerzhafte Weise führte sie mir nämlich vor Augen, wie sich all die Menschen wohlfühlen mussten, die ich fast täglich niedermachte.

Zuvor hatte ich mir nie wirkliche Gedanken darüber gemacht, was ich mit meinen Worten bei den betroffenen Personen anrichten konnte, aber das hatte sich jetzt schlagartig geändert! Ohne dass ich was dagegen unternehmen konnte, wurde ich von einer negativen Gefühlswelle überrollt, die mich nachdenklich stimmte und ein flaues, unangenehmes Gefühl in mir hervorrief.

21. Verzweiflung: ein altbekanntes Gefühl

Möglichst schnell, aber dennoch unauffällig, wollte ich deshalb das Thema wechseln.

Nachdenklich schaute ich sie an und überlegte mir genau, was ich zu ihr sagen wollte, bevor ich antwortete. Meine Antwort durfte nicht zu plötzlich das Thema wechseln, aber gleichzeitig auch auf keinen Fall näher darauf eingehen. Das war nicht leicht.

„Ich denke, dass jeder Mensch auf irgendeine Art und Weise kleinere oder größere Probleme, Schwierigkeiten, Sorgen und/oder Ängste im Leben hat oder zumindest schon einmal hatte.

Ich kann mir nicht vorstellen, dass es jemanden gibt, bei dem prinzipiell alles nach Plan läuft, der noch nie gescheitert ist, der sich um nichts Sorgen zu machen braucht, und der nicht ab und zu an sich selbst beziehungsweise an seinem Können oder seiner eigenen Kraft zweifelt.

Ich glaube, dass jeder – egal, ob reich oder arm – das frustrierende und niederschmetternde Gefühl kennt, wenn alles schiefläuft, nichts so funktioniert, wie es soll, einem die Probleme über den Kopf wachsen und man sich am liebsten in eine dunkle Ecke verkriechen und nur noch weinen möchte. Allerdings geben die wenigsten Menschen offen zu, dass auch sie Probleme, Schwierigkeiten, Ängste und Sorgen haben, ab und zu nicht weiterwissen und manchmal sogar kurz davor sind zu verzweifeln.

Sie schämen sich für etwas, was vollkommen menschlich ist. Viele haben Angst, vor ihren Mitmenschen als schwach dazustehen, nicht ernst genommen und ausgelacht zu werden.

Deshalb verstecken sie ihre Wut, Trauer, Verzweiflung, Frustration etc. und somit auch ihre Probleme und Sorgen hinter einem maskenhaften Lächeln.

Egal, wie aufgewühlt, verzweifelt, traurig oder frustriert sie in ihrem Innern sind, nach außen hin lächeln sie und tun so, als ob alles in bester Ordnung wäre. Doch nur, weil diese Menschen nicht über ihre Gefühle, Probleme, Sorgen und Ängste sprechen, heißt das noch lange nicht, dass sie keine besitzen."

„Das ist wohl wahr", gab mir sie recht.

„Es ist immer einfacher, den Blick von seinen Problemen abzuwenden, sie zu ignorieren, zu verleugnen oder zu überspielen als sich selbst einzugestehen, dass es zurzeit nicht so gut läuft, man gerade überfordert ist, einem alles zu viel wird, man innerlich in einem Meer aus Tränen zu ertrinken droht und/oder am liebsten die gesamte Welt verfluchen und alles kurz und klein schlagen möchte.

Und noch viel, viel schwerer ist es, das vor anderen zuzugeben. Kein Mensch offenbart gerne, dass er an etwas scheitert, nicht mehr weiterweiß und keine Lösung für seinen gefühlten Berg an Problemen sieht.

Dabei ist die Lösung manchmal ganz einfach. In vielen Fällen hilft es, wenn man seine Probleme, Sorgen und Ängste einfach anspricht, beziehungsweise ausspricht. Einige Dinge lösen sich dadurch in Luft auf oder wirken nicht mehr ganz so groß und bedrohlich. Ein gutes Gespräch kann so manche unüberlegte Handlung verhindern, trösten, einen innerlich befreien und eventuell sogar zu einer Lösung führen. Nicht umsonst sagt man ‚sich den Frust von der Seele reden'.

Es ist falsch, alle Probleme, Sorgen, Ängste, negativen Gefühle und Gedanken in sich rein zu fressen und zu warten, bis man irgendwann explodiert oder unter dem Druck zusammenbricht.

Und das gilt nicht nur für Menschen, die an einer psychischen Erkrankung leiden. Wenn man mal die ‚Kontrolle‘ über sein Leben und/ oder seine Gefühle verliert, unendlich traurig ist, wütend auf alles und jeden, eventuell kurz davor ist zu verzweifeln, und/oder kein Licht am Ende des Tunnels sieht, ist das nicht ‚schwach‘ und heißt auch nicht gleich, dass man unfähig ist, sein Leben geregelt zu bekommen oder unter Depressionen, einem Burn-out oder einer anderen psychischen Erkrankung leidet.

Es bedeutet lediglich, dass man ‚Mensch‘ ist. Ein Mensch darf scheitern, mal einen schlechten Tag haben, Gefühle besitzen und diese auch zeigen und er darf sich auch ab und zu hängen lassen, denn ein Mensch ist keine Maschine, die tagtäglich perfekt funktionieren muss. Es ist unmöglich, jeden Tag 100 Prozent Leistung zu erbringen – auch wenn genau das sehr häufig von der Gesellschaft verlangt wird.

Solange die negativen Gedanken und Gefühle lediglich eine Phase sind und nicht von Dauerhaftigkeit, ist das kein Grund, sich Sorgen zu machen oder sich schämen zu müssen.“

„Und selbst wenn man psychisch krank ist, ist das kein Grund, sich zu schämen oder verstecken zu müssen", ergänzte und beendete ich ihre Aussage mit einem aufmunternden Lächeln im Gesicht.

22. Verständnis

„Ja ... das sollte es eigentlich", murmelte sie mit gesenktem Blick und leiser, betrübter Stimme.

„Die Realität sieht jedoch leider anders aus. Es gibt eine Menge Menschen, die sich dafür schämen, weil sie nicht so funktionieren, wie sie sollten, weil sie anders sind als der Rest der Menschheit, weil sie an einfachen, alltäglichen Dingen scheitern und verzweifeln, depressiv sind oder sonst etwas mit ihnen nicht stimmt. Viele Betroffene haben Angst, aufgrund ihrer Probleme, Sorgen, Ängste oder ihrer Diagnose verurteilt und/oder ausgegrenzt zu werden. Psychische Probleme und psychische Erkrankungen sind leider immer noch Themen, über die ungern offen gesprochen wird."

Gedankenverloren und mit traurigem Blick schaute sie eine gefühlte Ewigkeit auf den Boden, bevor sie seufzte, und weitererzählte.

„Wenn jemand ein gebrochenes Bein hat, dann zeigt jeder Mensch, Verständnis. Jeder weiß, dass die Person zurzeit nicht voll belastbar ist, dass sie nicht laufen kann, keinen Sport treiben und eventuell auch nicht dazu in der Lage ist, ihren Beruf auszuüben. Selbst wenn die Person wochenlang im Bett liegt, sich nicht bewegen möchte, keine Motivation hat, irgendetwas zu unternehmen, hat so gut wie jeder, Verständnis hierfür.

Genauso würde nie jemand zu einem Querschnittsgelähmten, der im Rollstuhl sitzt, sagen: ‚Stell dich nicht so an!‘, ‚Reiß dich endlich mal zusammen! `, oder ‚Du bildest dir deine Erkrankung nur ein!‘

Bei psychischen Problemen und psychischen Erkrankungen sind solche Aussagen jedoch leider fast alltäglich. Psychische Probleme und psychische Erkrankungen sind für Außenstehende nämlich – anders als zum Beispiel ein gebrochenes Bein – nicht sichtbar.

Man sieht keinen Gips, keinen Rollstuhl, keine Krücken oder sonst etwas, was darauf hinweisen könnte, dass die betroffene Person krank und/ oder nicht voll belastbar ist.

Aus diesem Grund ist es für nicht betroffene Außenstehende kaum – oder nur sehr schwer – zu begreifen, dass jemand mit Depressionen, Borderline, Burn-out, etc. (zeitweise) sein Leben nicht geregelt bekommt, kaum Motivation besitzt und an manchen Tagen es noch nicht einmal schafft, aus dem Bett aufzustehen. Doch nur, weil man die Fesseln, die der Person ein normales Leben unmöglich machen, nicht sieht, heißt das nicht, dass es keine gibt!

Borderline, Depressionen, Burn-out und Co. sind keine Phasen, keine Trends und keine Ausreden. Es ist nichts, was man sich aussucht oder worauf man stolz sein kann. Ich kann mir nicht vorstellen, dass es jemanden gibt, der von einer psychischen Erkrankung betroffen ist und sich nicht zumindest ab und zu wünscht, einen Schalter in seinem Kopf umlegen zu können und einfach normal zu sein. Aber das geht bei einer psychischen Erkrankung leider nicht.

Ein Betroffener kann sich nicht einfach zusammenreißen, seine Gedanken und Gefühle abstellen und normal verhalten. Das ist unmöglich!

So eine psychische Erkrankung entsteht schließlich nicht von einem auf den anderen Tag. Es dauert mehrere Monate, oft sogar Jahre, bis ein Mensch psychisch krank wird.

Deshalb ist es wohl auch eindeutig zu viel verlangt, wenn man meint, dass solch eine Veränderung der Gedanken- und Gefühlswelt innerhalb von ein paar Stunden oder Tagen wieder verschwindet. Da nützt es rein gar nichts, wenn man dem Betroffenen Vorwürfe macht, ihn tadelt oder bei einer unerwünschten Verhaltensweise mit Ignoranz oder Liebesentzug bestraft. Borderline, Depressionen – einfach jede psychische Erkrankung – bekommt man nicht mit Strafen oder Ignoranz in den Griff.

Ein Betroffener ist kein unartiges Kind oder ein schlecht erzogener Hund, dem man Grenzen aufzeigen und den man erziehen muss.

Egal, wie unverständlich manche Verhaltensweisen wirken, welche Diagnose jemand hat, wie er aussieht, was er denkt und wie er seine Gefühle wahrnimmt – in erster Linie ist und bleibt auch eine psychisch kranke Person immer noch ein Mensch. Und jeder Mensch – ob er will oder nicht – hat das Bedürfnis, akzeptiert und angenommen zu werden.

Nicht umsonst gibt es einen Spruch, der besagt: ‚Liebe mich auch dann, wenn ich es eigentlich gar nicht verdient habe – denn dann benötige ich es am meisten!‘".

Meiner Meinung nach gibt es mindestens vier einfache Sätze, die einem verzweifelten, depressiven, traurigen Menschen, der kein Licht am Ende des Tunnels sieht, keine Kraft / Motivation mehr hat zu kämpfen und sich unverstanden und nicht akzeptiert fühlt, bedeutend mehr helfen als irgendwelche Vorwürfe. Diese wirklich leicht zu merkenden Sätze lauten:

,Du schaffst das!',

,Du bist stark!',

,Du bist nicht alleine!',

,Ich glaube an dich!',

und eventuell noch der Satz: ,Zusammen schaffen wir das!'. Diese durchaus kurzen und sehr einfachen Sätze können manchmal wahre Wunder bewirken."

23. Therapie

„Hmm", antworte ich ihr.

„Da gebe ich dir voll und ganz recht. Durch Vorwürfe, Verachtung oder Bestrafung kann man einen Menschen beziehungsweise sein Verhalten nicht ändern. Ganz im Gegenteil: Oftmals macht man es dadurch noch schlimmer! Verständnis oder zumindest Akzeptanz ist für Betroffene deutlich hilfreicher.

Das habe ich inzwischen von dir gelernt und werde es ab jetzt auch versuchen umzusetzen.

Die letzten Jahre habe ich mich Menschen gegenüber, die meiner Ansicht nach nicht in die Gesellschaft passen oder sensibel sind, nicht ganz so freundlich verhalten, doch das möchte ich ab sofort ändern. Ob und wie ich es schaffen werde, mich nicht mehr so gefühlskalt und hart zu verhalten, weiß ich noch nicht, aber ich will es auf jeden Fall versuchen.

In der Vergangenheit habe ich ein vollkommen falsches Bild von Gefühlen gehabt. Ich habe Gefühle als etwas Überflüssiges angesehen, was mir den Weg zum Erfolg versperrt und mich verletzbar macht. Für mich waren Emotionen etwas, mit dem ich nichts zu tun haben wollte, und alle Menschen, die Gefühle zeigten, waren in meinen Augen schwach. Doch du hast mich inzwischen eines Besseren belehrt.

Es ist nicht schwach, Gefühle zu zeigen, sondern es ist schwach, seine Gefühle zu verstecken und nicht zuzulassen. Jeder Mensch, der zu seinen Emotionen steht und diese zeigt, ist um ein Vielfaches stärker als jemand, der sie runterschluckt und versteckt.

In unserer heutigen Welt ist nämlich eines der mutigsten Dinge, die man überhaupt machen kann, sensibel zu bleiben und zu seinen Gefühlen und somit auch zu sich selbst und seinen Schwächen zu stehen."

Die letzten Sätze waren für mich nicht leicht auszusprechen. Ich hasste es, kritisiert oder auf Fehler hingewiesen zu werden, und diese dann noch offen zuzugeben, war eigentlich ein absolutes ‚No-Go' für mich. Trotzdem fand ich es wichtig, dass ich zu meinem Fehler oder besser gesagt zu meiner falschen Denkweise stand.

Doch der Bordi schien dieses Geständnis von mir relativ am Hintern vorbei zu gehen. Ohne meine Einsicht zu würdigen, ein Wort darüber zu verlieren, mich zu loben oder sonst etwas zu sagen, oder zu machen, redete sie unbeirrt weiter, als ob sie mir gar nicht zugehört hätte.

„Verständnis und Akzeptanz sind überaus wichtig. Aber selbst vollkommene Akzeptanz und alles Verständnis der Welt sorgen nicht für eine Wunderheilung bei Betroffenen. Aus Erfahrung heraus kann ich zwar sagen, dass es durchaus förderlich ist, wenn man jemanden hat, der einem immer zur Seite steht, Mut macht und einen unterstützt und auffängt, wenn man fällt, aber den Willen und die Motivation, etwas an seinen negativen Verhaltensweisen und düsteren Gedanken zu ändern und schlussendlich sein Leben in den Griff zu bekommen, muss der Betroffene selbst haben.

Es nützt nichts, wenn Freunde, Familie, Ärzte und/oder Therapeuten mit aller Kraft oder sogar Gewalt versuchen, ihm eine unerwünschte Verhaltensweise abzutrainieren oder eine erwünschte Verhaltensweise anzutrainieren, und der Betroffene eigentlich gar nichts ändern will. Selbst der beste Psychologe und die erfolgversprechendsten Therapien werden erfolglos bleiben, wenn der Patient nicht aktiv mitarbeitet."

„Das stimmt! Wer kein Ziel vor Augen hat oder keine Motivation, den Weg zu gehen, wird ewig ziellos durch die Gegend irren", stimmte ich ihr zu.

„Allerdings kann ich mir auch vorstellen, dass es nicht immer einfach ist, zu 100 Prozent motiviert zur Therapie zu gehen, über seine Probleme und Ängste zu sprechen, ihnen somit – bildlich gesehen – gegenüber zu stehen. Das ist bestimmt anstrengend und kostet garantiert einiges an Kraft."

Erst hatte ich kurzzeitig überlegt, die Bordi mit Ignoranz zu strafen, nachdem sie mich zuvor mit meiner Aussage auch ignoriert hatte. Aber letztendlich hatte ich mich jetzt doch anders entschieden.

Denn erstens war es vielleicht besser, dass sie nicht näher auf dieses Thema einging, zweitens war ich fest davon überzeugt, dass sie womöglich einen Grund hatte, weshalb sie meine Aussage ignorierte und drittens waren ihre Erklärungen und ihre Vergleiche zu fesselnd. Ihre Worte zogen mich so in den Bann, dass ich keine Möglichkeit hatte, wegzuhören. Vielleicht wusste sie das. Oder vielleicht wollte sie auch erst abwarten, ob meinen Worten auch tatsächlich Taten folgten und dass ich es nicht einfach so dahinsagte.

„Oh ja! Das ist es!", unterbrach sie meine Grübeleien.

„Eine Therapie ist sehr anstrengend! Für Außenstehende ist es wohl kaum nachvollziehbar, wie anstrengend, Nerven raubend, kraftraubend, aber manchmal auch erleichternd und motivierend eine Stunde Gesprächstherapie sein kann. Eine Therapie ist nämlich nicht einfach nur Reden, sondern harte Arbeit!

Nicht umsonst schaffen es einige Betroffene erst beim zweiten, dritten oder zum Teil sogar erst vierten Versuch oder noch später, eine Therapie bis zum Ende durchzuziehen.

Ich bin mir relativ sicher, dass jeder Betroffene die Punkte kennt, an denen man den Erfolg der Therapie anzweifelt, sich fragt, ob es überhaupt noch einen Sinn hat, weiterzukämpfen, oder ob alles sinnlos ist und man doch besser das Handtuch schmeißen soll. Doch gerade in solchen Momenten muss man die Zähne zusammenbeißen und stark bleiben. Weil der Erfolg einer Therapie nicht immer – oder so gut wie nie – direkt erkennbar ist. Nicht selten macht sich der wahre und tatsächliche Erfolg einer

Therapie erst Wochen, Monate oder gar Jahre nach Therapieende bemerkbar."

Verwirrt blickte ich sie an.

„Wie? Das verstehe ich nicht. Den letzten Satz musst du mir genauer erklären", forderte ich sie auf.

„Wenn jemand eine Therapie macht, ist er anschließend doch wieder gesund? Gilt man nach einer Therapie nicht als geheilt? Und warum soll sich ein Erfolg manchmal erst Jahre danach abzeichnen?"

„Nein, so einfach ist das nicht", entgegnete sie mir.

„Eine Therapie ist kein Wunderheilmittel, das alle Probleme in Luft auflöst. Das ist lediglich eine Wunschvorstellung. Bei einem gebrochenen Bein, einer Blinddarmentzündung oder einer sonstigen körperlichen Erkrankung mag das noch halbwegs funktionieren. Da kann man die Heilungs- und Rehabilitationszeit noch halbwegs einschätzen, aber bei psychischen Erkrankungen geht das nicht. Da dauert die Heilung oftmals jahrelang und es gibt keine ungefähren Richtlinien, wann ein Patient wieder fit für den Alltag ist. Das hängt von zahlreichen Faktoren ab und ist bei Therapiebeginn und selbst im späteren Verlauf der Therapie nur schwer bis unmöglich vorherzusagen.

Des Weiteren gibt es auch einige psychische Erkrankungen, die als nicht heilbar gelten. Wie zum Beispiel Borderline. Borderline ist unheilbar. Die einzige Möglichkeit für Betroffene ist es, mit der Diagnose leben zu lernen und mit Symptomen zurechtzukommen."

Sie machte eine kurze Pause beim Sprechen, in der sie zu überlegen schien.

„Warte. Ich habe eine Idee. Ich zeige dir etwas. Vielleicht verstehst du dadurch besser, was ich meine."

24. Ein Irrgarten mit wilden Kreaturen?!

Die Bordi drehte sich rum und griff nach meiner Hand. Alles um mich herum begann sich zu drehen, vor meinen Augen wurde es schwarz und ich hatte das Gefühl, in ein endlos tiefes Loch zu stürzen. Obwohl ich diese merkwürdige Art zu reisen und somit dieses seltsame Gefühl in der Magengegend bereits kannte, hasste ich es noch immer und nahm es weiterhin als äußerst unangenehm wahr.

Deshalb war ich heilfroh, als ich spürte, dass sie ihren Griff um meine Hand lockerte und sich dadurch das Drehen verlangsamte und ich wieder festen Boden unter die Füße bekam.

Noch konnte ich von meiner Umgebung nicht allzu viel erkennen, da sich in meinem Kopf immer noch alles drehte. Mir war von der Reise (mal wieder, wie eigentlich immer) schwindelig geworden und dieses Mal sogar noch übel dazu.

Doch das, was ich erkennen konnte, stimmte mich nachdenklich und verwirrte mich zugleich. Ich kam mir vor wie in einem Märchen. Vor mir befand sich ein gigantischer Irrgarten. Soweit ich blicken konnte, reihte sich eine meterhohe Hecke an die andere und alle paar Meter wurde der Weg zusätzlich von einer Mauer, einer Bretterwand, einem Dornenbusch, einem Wassergraben oder einem sonstigen unüberwindbaren Hindernis versperrt.

Es schien kein Durchkommen durch dieses Labyrinth zu geben. Alle Wege endeten früher oder später in einer Sackgasse. Doch das war noch nicht alles! Als ob es nicht schon schwierig und kompliziert genug wäre, einen Weg durch diesen dichten, unübersichtlichen Heckenwald zu finden, mussten sich auch noch Monster darin aufhalten!

So langsam hatte ich das Gefühl, dass die Bordi leicht überschnappte! Sie hatte mich zwar bereits an so einige verrückte Orte gebracht – aber dieser hier toppte alles! Ein Irrgarten mit wilden Kreaturen war eindeutig das Verrückteste und Durchgeknallteste, was ich je in meinem Leben gesehen hatte!

Mit aller Kraft musste ich mich zusammenreißen, damit ich sie nicht laut auslachte oder sie fragte, ob sie noch alle Tassen im Schrank hätte!

Ich fühlte mich wie in einem schlechten – sehr, sehr schlechten – Märchenfilm. Keine Ahnung, wie ich hierhergekommen war, keine Ahnung, was ich hier suchte und keine Ahnung, was sie mir an diesem Ort sagen oder zeigen wollte.

Verwirrt, ratlos und eventuell auch etwas schockiert und fassungslos schaute ich sie mit einem Blick an, der sagen sollte: „Bitte, bitte, sage mir, dass das hier alles nicht wahr ist! Bitte erkläre mir jetzt, dass bei unserer ‚Reise' irgendetwas schiefgelaufen ist und wir eigentlich gar nicht hier landen wollten."

Doch die Bordi erwiderte meinen Blick lediglich mit einem breiten Grinsen.

„O. k.! Jetzt hat sie endgültig den Verstand verloren!", schoss es mir durch den Kopf.

„Jetzt dreht das Mädel komplett am Rad! Was auch immer sie gerade denkt – wenn sie überhaupt denkt, kann nur wirres, sinnloses Zeug sein!

Nichts von dem, was ich vor mir sehe, scheint in irgendeiner Weise auch nur im Entferntesten einen Sinn zu ergeben! In dem Kopf des Mädels ist eindeutig nicht nur eine Schraube locker oder eine Sicherung rausgeknallt! Dafür muss ein ganzer Kurzschluss mit Explosionen, giftigen Gasen und Großbrand verantwortlich sein!"

In Gedanken war ich also gerade dabei, die Bordi als geisteskrank, gestört, hirnlos, bescheuert und so weiter abzuschreiben und sie für verrückt zu erklären, als sie mich mit ruhiger, aber dennoch bestimmter, fester Stimme ansprach.

„Merkst du eigentlich, was du gerade machst?! Du hast keine Ahnung, was ich dir mit diesem Schaubild sagen möchte, was ich mir dabei gedacht habe und was ich dir, damit vor Augen führen will und trotzdem erklärst du mich schon für verrückt und geisteskrank. Du weißt nicht, um was es geht, und bildest dir schon ein Urteil darüber.

Ich dachte, du wolltest dich ändern?"

25. Vertauschte Rollen

Beschämt und mit hochrotem Kopf blickte ich auf den Boden. Ich war so peinlich berührt, dass ich es nicht mehr wagte, sie direkt anzuschauen und am liebsten aus Scham im Erdboden versunken wäre oder mich aus unerklärlichen Gründen spontan in Luft aufgelöst hätte.

Ich hatte das getan, wovor sie mich bereits mehrfach gewarnt hatte: Ich hatte über sie geurteilt beziehungsweise sogar verurteilt, bevor ich überhaupt wusste, was sie mir zeigen wollte und erklären konnte, wieso sie diesen merkwürdigen Ort ausgewählt hatte. Ich hatte keine Ahnung, was sie sich dabei dachte und was sie damit bezwecken wollte, aber meinte trotzdem schon zu wissen, dass es kompletter Unsinn sein würde.

Aufgrund einer Einzelnen, (für mich) unschlüssigen, Verhaltensweise von ihr, hatte ich sie für verrückt erklärt und als geisteskrank abgestempelt.

„Ich bin so ein Idiot", schoss es mir durch den Kopf.

„Wie kann ich nur so hirnlos sein? Bereits mehrfach wurde ich von ihr darauf hingewiesen, dass man Menschen nicht verurteilen soll, bevor man nicht weiß, wieso sie so sind, wie sie sind und weshalb sie sich in der entsprechenden Situation anders verhalten und/oder anders denken, als man es selbst erwarten würde.

Aber was mache ich?! Genau das!!! Ich habe rein gar nichts gelernt. Und vor wenigen Augenblicken hatte ich noch gesagt, dass ich mein Verhalten ab sofort ändern wollte. Na toll! Man sieht ja gerade, wie lange ich es geschafft habe, mich an meinen guten Vorsatz zu halten."

„Hör auf damit!", unterbrach die Bordi in einem energischen Ton meine negativen Gedanken.

„Hör auf, dich grundlos selbst niederzumachen! Jeder Mensch macht Fehler und du bist da keine Ausnahme! ‚Nobody is perfect' – und das ist auch gut so. Du hast selbst gesagt: ‚Solange man aus seinen Fehlern lernt, sind es keine Fehler.' Also halte dich bitte auch selbst daran!"

Geschockt und mit großen, weit aufgerissenen Augen starrte ich sie an.

„Wieso weißt du, was ich gerade denke?! Das finde ich ziemlich unheimlich und macht mir irgendwie Angst!"

„Keine Sorge", beruhigte sie mich sofort.

„Du brauchst keine Angst zu haben. Ich kann keine Gedanken lesen. Ich habe alleine an deinem verbissenen Gesichtsausdruck und deiner angespannten Körperhaltung gesehen, dass du dich gerade über dich selbst und dein Denken ärgerst. Doch dafür gibt es, wie gesagt, keinen Grund. Du brauchst dich dafür nicht zu schämen. Schließlich hast du deinen Fehler erkannt."

„Ja, da hast du recht", musste ich ihr eingestehen.

„Aber ärgerlich ist es trotzdem! Ich weiß nicht, wie oft du mir schon erklärt hast, dass man nicht über jemanden oder etwas urteilen soll, bevor man nicht den Hintergrund kennt – und ich mache es trotzdem weiterhin. Das grenzt echt an Dummheit!"

„Nein", berichtigte sie mich, „das grenzt nicht an Dummheit, sondern das, was du gerade tust. Ich habe dir erklärt, dass du nichts falsch gemacht hast, es keine Folgen für dich gibt und ich nicht wütend, sauer, enttäuscht oder Sonstiges auf dich bin, und du hörst trotz allem nicht damit auf, dich selbst schlecht zu reden."

Anschließend machte sie eine kurze Pause beim Sprechen, grinste und ergänzte: „Aber ich habe gut reden. Schließlich bekomme ich es selbst ebenfalls so gut wie nie hin, mir meine eigenen Fehler zu vergeben."

26. Ratlos

Für einen kurzen Moment mussten wir beide über den ungeplanten Rollentausch lachen. Doch dann wurde sie wieder ernst, wandte ihren Blick von mir ab und betrachtete erneut den Irrgarten mit den wilden Kreaturen, der noch immer vor uns lag.

„Du hast also keine Ahnung, was ich dir mit diesem Szenario sagen möchte?!", erkundigte sie sich ein weiteres Mal und kam somit auf das ursprüngliche Thema, weshalb wir hier waren, zurück.

Ihre Stimme klang fast so, als könne sie mir gar nicht glauben, dass ich wirklich nicht verstand, was sie mir mit diesem Irrgarten und den darin befindlichen Kreaturen mitteilen wollte. Doch bevor ich überhaupt dazu kam, ihr zu antworten und zu erklären, dass ich WIRKLICH keine Ahnung hatte und dieses Schaubild für mich ein unerklärliches Rätsel ohne jeglichen Sinn darstellte, ergänzte sie in ruhigem Ton:

„O. k. Das ist ja nicht schlimm. Dann probieren wir es anders: Was siehst du?"

Verdutzt und irritiert von dieser Frage schaute ich sie prüfend an.

„Was soll ich sehen?! Mehrere meter hohe Hecken, die einen unübersichtlichen Irrgarten bilden, Dutzende von Wassergräben, verschlossene Türen, Bretterwände, Mauern und natürlich diese merkwürdigen, ekelhaften Kreaturen, die in dem gesamten Irrgarten umhergeistern!"

„Gut", bestätigte sie mich.

„Das ist soweit richtig. Und an was erinnert dich dieses Schaubild?"

Ohne lange und großartig überlegen zu müssen, sagte ich vorsichtig: „An eine Mischung aus den Märchen ‚Rapunzel', ‚Dornröschen', ‚Hänsel und Gretel', ‚Rumpelstilzchen' und dem vierten Teil von ‚Harry Potter'...?"

Nun schaute sie mich verwirrt und ungläubig mit großen Augen an. Mit dieser Antwort von mir hatte sie eindeutig nicht gerechnet!

„Oookeee", erwiderte sie vollkommen perplex und auch etwas ratlos.

„Ich sehe schon: So kommen wir nicht weiter."

Nachdenklich kratzte sie sich an seiner Stirn.

„Versuchen wir es noch mal anders: Nehmen wir an, du müsstest auf die andere Seite des Irrgartens gelangen. Allerdings darfst du weder um den Irrgarten herumlaufen, noch dich darunter hindurch buddeln oder darüber fliegen

– aber ansonsten ist alles erlaubt. Du darfst jedes erdenkliche Hilfsmittel einsetzen, was dich auf irgendeine Weise weiterbringt."

27. Alles platt walzen!

Bei dieser Frage musste ich jetzt etwas länger überlegen als bei der Frage zuvor. Vom Gefühl her wusste ich zwar, dass die Antwort – und somit auch die Lösung des Rätsels – nicht allzu kompliziert sein konnte, doch ich kam trotzdem nicht darauf.

Ich durfte nicht um den Irrgarten herumlaufen, nicht mit einem Flugzeug darüber fliegen und mich auch nicht mit einem Bagger darunter durchgraben. Was blieben mir denn dann noch für andere halbwegs logische und nicht komplett verrückte Methoden, den Irrgarten schnell und unbeschadet zu durchqueren?!

Ich stand völlig auf dem Schlauch. Mein Gehirn war wie leer gefegt. Ich kam einfach auf keine Lösung. In meinen Augen war das Rätsel unlösbar!

Doch gerade, als ich kurz davor war, zu resignieren und die Bordi um Hilfe zu bitten, durchzuckte ein Geistesblitz meinen ansonsten so leeren Kopf.

„Ein Panzer!", schrie ich erfreut darüber, endlich eine Lösung gefunden zu haben. „Ja, ein Panzer", wiederholte ich, „mit einem Panzer kann ich alle

Wände, Mauern, Hecken, Bretterwände und was mir sonst noch im Weg steht, platt walzen, ich komme unbeschadet durch die Wassergräben, und auch die seltsamen Kreaturen können mir nichts anhaben!"

Mit fassungsloser Miene rang sie geschockt nach Worten.

„Ähm… ja… Nein, das ist der falsche Weg! So gelangst du zwar an dein Ziel, aber hinter dir hinterlässt du einen breiten Streifen aus Schutt und Asche. Und das ist nicht Sinn der Sache! Denn was ist ein erreichtes Ziel wert, wenn man alles andere dabei zerstört?!

Mit Aggressionen, Gewalt, Wut und Zorn kann man ja (leider) vieles im Leben erreichen und so gut wie jedes Hindernis aus dem Weg räumen – aber der Nachteil an der Sache ist, dass man dadurch leider auch viele schöne (kleine) Dinge und nicht selten sogar ein Teil von sich selbst dem Erdboden gleichmacht. Deshalb sollte jeder zweimal überlegen und dann für sich selbst entscheiden, ob Gewalt und Aggression tatsächlich der richtige Weg ist, um an sein Ziel zu gelangen."

Sie machte eine kurze Pause, holte einmal tief Luft und zeigte auf den Irrgarten: „Sieh dir diesen Heckenwald mal genauer an. Vielleicht erkennst du dann die Ähnlichkeit zum Leben. Auch das Leben verläuft selten – oder eigentlich nie – gradlinig und ständig geradeaus.

Es gibt immer wieder Situationen und Momente, in denen man vor einer Bretterwand steht, ein großer Stein den Weg versperrt, einen die eigenen Gefühle – in Form von wilden, unbändigen Kreaturen -- am Weiterkommen hindern, ein tiefer Wassergraben vor einem liegt oder man in einer Sackgasse gelandet ist und nicht mehr weiterkommt.

Früher war ich genauso blind wie du gerade und habe in solchen Momenten wild um mich geschlagen, randaliert und mit einem Vorschlaghammer alles kurz und klein gehauen. Nicht selten habe ich mich benommen wie die Axt im Walde.

Nach meinem Wutausbruch stand ich dann meistens mitten in einem Trümmerfeld und musste (mal wieder) enttäuscht feststellen, dass ich (mal wieder) alles in einem Umkreis von 10 Kilometern um mich herum in ein Schlachtfeld verwandelt hatte.

Mit viel Gewalt und ohne Rücksicht auf Verluste hatte ich alles niedergerissen und nichts mehr ganz gelassen. Das Einzige, was noch stand, war das, was ich eigentlich zerstören wollte, nämlich das Hindernis – also das Problem, das ich eigentlich aus dem Weg räumen wollte."

28. Es kommt immer anders, als man denkt ...

Mit aller Kraft und viel Mühe musste ich mir ein Grinsen verkneifen. Ich fühlte mich ertappt. Ohne Zweifel hatte sie mit seinen Worten recht. Auch ich kannte es, wenn man blind vor Wut war, weil man vor einem (gefühlt) unlösbaren Problem stand und als einzigen Ausweg nur noch die Zerstörung durch Gewalt sah. Ich wusste nicht, wie oft ich schon (grundlos) wild um mich geschlagen hatte, weil ich dachte, für meine Probleme gäbe es keine andere Lösung als die komplette, radikale Vernichtung von allem und jedem, der mir im Weg stand.

Bereits mehr als nur einmal hatte ich dadurch Menschen, die eigentlich gar nichts mit der Sache zu tun hatten, mit meinen Worten und/oder Handlungen verletzt und schöne Dinge zerstört. Ja, auch ich hatte schon die – häufig sehr schmerzhafte – Erfahrung gemacht, dass man mit Wut, Zorn, Aggressionen und Gewalt die wenigsten Probleme aus dem Weg räumt. Ganz im Gegenteil: In den meisten Fällen richtete man damit mehr Schaden an, als dass man Gutes tat.

Aber ich glaube, dass diese Erfahrung jeder Mensch schon mindestens einmal in seinem Leben gemacht hat. Es gibt keinen Menschen, der perfekt und ohne Fehler ist.

„Ich kann mich nur wiederholen: Fehler gehören zum Leben dazu", ermutigte ich die plötzlich sehr traurig wirkende Bordi.

„Du hast es ja ebenfalls schon mehrfach gesagt. Nobody is perfect – es gibt keinen perfekten Menschen, der nie etwas falsch macht. Fehler sind da, um begangen zu werden und um beim nächsten Mal daraus zu lernen. Jeder Fehler hat seinen Sinn."

Gekränkt sah sie mich mit nun noch traurigerem Blick an. Ihre Augen füllten sich mit Tränen und sie wand ihr Gesicht von mir ab.

„Hahaha...", spielte sie mir ein gekünsteltes Lachen vor,

„schön wäre es, wenn ich aus all meinen Fehlern gelernt hätte, dann wäre ich jetzt schon schlauer als Albert Einstein!

ABER NEIN, NEIN, NEIN! ICH HABE SO GUT WIE JEDEN FEHLER 50 UND MANCHMAL SOGAR 100 MAL HINTEREINANDER GEMACHT, UND SELBST NACH DEM HUNDERTSTEN

MAL HABE ICH AB UND ZU NICHT DARAUS GELERNT!!!!"

Erstaunt und erschrocken von dieser – in meinen Augen – übertriebenen Reaktion der kleinen Person zuckte ich zusammen. Nie im Leben hätte ich damit gerechnet, dass dieses Persönchen von einer auf die andere Sekunde so wütend werden konnte. Und vor allem verstand ich nicht, wieso sie wegen einer – ebenfalls in meinen Augen – Kleinigkeit so aggressiv wurde und an die Decke ging. Und dazu auch noch gegen sich selbst!

Nachdenklich und mit der Situation überfordert kratzte ich mich am Kopf.

„Ich bin einfach ein Idiot. Ein nutzloser, dummer Idiot, den man zu nichts gebrauchen kann und am besten abschießen sollte. Mich braucht sowieso niemand. Mich würde garantiert niemand vermissen", schluchzte sie.

Ihre anfängliche Wut hatte sich nun in Trauer und Verzweiflung umgewandelt.

„O. k.", verbesserte ich meine Gedanken.

„Die Situation davor hatte mich nicht überfordert, sondern diese hier überfordert mich!"

Was sollte ich bloß tun?! Sie stand weinend, mit dem Gesicht von mir abgedreht da, und ich stand nutzlos, überfordert, ratlos und mit hundert Fragezeichen über dem Kopf daneben und tat nichts.

29. Bombenentschärfung

Auf der einen Seite wollte ich die wütende und gegen sich selbst aggressive Bordi beruhigen – und auf der anderen Seite hatte ich Angst, die Situation noch weiter zu verschlimmern. Ich hatte keine Ahnung, wie ich mich „richtig" verhalten sollte.

Sollte ich sie beruhigen, beschwichtigen, ihr gut zureden – oder soll ich sie anschreien, damit sie mit dem Unsinn aufhören soll? Vielleicht wäre es auch besser, wenn ich ihr Verhalten einfach ignorieren würde? Oder würden dann ihr Wutausbruch und ihre Aggressionen gegen sich selbst noch weiter eskalieren??? Wobei? Was wäre die Steigerung der Beleidigungen gegen sich selbst?

1.000 Fragen und keine einzige Antwort schwirrten in diesem Moment in meinem Kopf herum. Ich war völlig neben der Spur. Die Bordi machte mich mit ihrem Verhalten ganz kirre! Ich wusste gar nicht mehr, wo vorne und wo hinten, was jetzt „richtig" und was „falsch" war!

Vor wenigen Minuten war ich innerlich noch relativ ausgeglichen und jetzt merkte ich, wie auch in mir langsam Wut aufkochte.

Ich wurde unruhig und spürte ein leichtes Brodeln in meinem Innern. Der Zorn und die Aggression meiner Gegenüber schienen auf mich überzuspringen und mich anzustecken. Das konnte doch nicht wahr sein!

„Hey!", schrie ich in einem energischen, lauten Ton, der nicht nur die Bordi, sondern auch mich erschrocken zusammenzucken ließ.

Mit solch einer heftigen, spontanen Reaktion von mir hatte selbst ich nicht gerechnet.

Deshalb stand ich – genauso wie sie – für einen kurzen Moment leicht perplex und etwas verwundert da und blickte mich irritiert in alle Himmelsrichtungen um. Weder sie noch ich registrierten in den ersten Sekunden, dass der Schrei von mir kam. Erst eine gefühlte Ewigkeit später wurde mir bewusst, dass das „Hey!" von niemand anderem, sondern von mir selbst gekommen war und ich gewann langsam meine Fassung und somit auch die Kontrolle über meine Gedanken, Reaktionen und Sprache wieder.

„Hör endlich auf, dich selbst schlecht zu reden!", versuchte ich die Bordi mit ruhiger, gespielt selbstsicherer Stimme zur Besinnung zu bringen (gleichzeitig betete ich in Gedanken, dass sie nicht merken würde, wie unsicher, irritiert und zittrig ich in Wirklichkeit war).

„Es gibt so viele Menschen im Leben, die nichts von dir halten, die dich am Boden sehen wollen, verurteilen und/oder dich meiden, da brauchst du dich nicht zusätzlich noch selbst niederzumachen!

Tu diesen Menschen nie den Gefallen und lass ihre Worte zu deiner Wahrheit werden! Du bist so eine starke Persönlichkeit und in dir schlummert eine unglaubliche Kraft, und das weißt du auch! Und wenn du das gerade vergessen hast, dann erinnere ich dich jetzt – in diesem Moment – verdammt noch mal daran!"

Von Satz zu Satz wurde meine Stimme fester und selbstsicherer. Das innere Zittern ließ nach und ich konnte erkennen, dass sie ebenfalls ruhiger wurde. Allerdings sagte mir mein Gefühl, dass ich mir keine Pause erlauben durfte.

Das Risiko, dass die Situation sich wieder verschärfte, war (noch) zu groß. Die Gefahr eines Rückfalls war noch nicht gebannt.

„Du hast mir schon so viel Positives von dir erzählt", redete ich deshalb vorsichtshalber schnell weiter, um ihr keine Möglichkeit zu lassen, in ihre alte, negative Gedankenspirale zurückzurutschen, „du hast schon so viel Unglaubliches in deinem Leben gemeistert; also denke lieber daran statt an das, was du alles nicht kannst und woran du gescheitert bist.

Es ist schließlich noch kein Meister vom Himmel gefallen. Es ist nicht schlimm, zu versagen, Fehler zu begehen, etwas nicht zu schaffen oder etwas kaputtzumachen, ABER es ist schlimm, sich selbst aufzugeben und sich diese ‚Fehler' ewig selbst vorzuhalten.

Versuche einfach mal, dir selbst zu verzeihen. Du kannst deine Vergangenheit nicht mehr ändern, aber du kannst deine Zukunft neugestalten. Jede Sekunde bekommst du im Leben neue Chancen geschenkt. Also nutze sie! Es ist vollkommener Schwachsinn, jetzt alles, was du dir erarbeitet hast und was du erreicht hast, dir selbst mieszumachen. Ich weiß, dass es eine sehr, sehr schwere Aufgabe für dich ist: Doch bitte versuche trotzdem einmal, stolz auf dich zu sein! Du bist kein Versager und auch kein Idiot! Und ob du es glaubst oder nicht: Ich bewundere dich für deinen Überlebenswillen und deine Kraft. Ich wüsste nicht, ob ich das alles geschafft hätte, was du bereits in deinem Leben gemeistert hast!"

30. Das panische Pferd

„Mhmm…", entgegnete sie mir mit ungläubigem Tonfall.

„In den meisten Fällen war ich doch einfach nur einen ganz kurzen Augenblick mutig und tapfer und bin über meinen eigenen Schatten gesprungen. Das ist doch nichts Besonderes."

„Doch!!!", schrie ich ihn aufgeregt und erfreut darüber, dass er nicht mehr auf sich selbst und seiner Unvollkommenheit herumhackte, an.

„Das ist etwas Besonderes! Diese Fähigkeit, immer wieder aufzustehen, und vor allem diesen Mut besitzt nicht jeder! Es ist nicht selbstverständlich, dass ein Mensch, der so viele Schicksalsschläge, negative Erfahrungen und Traumata wie du in seinem Leben erlebt hat, noch so aufrecht im Leben steht und weiterhin optimistisch denkt und so viel Lebensfreude besitzt!"

„Da hast du recht", antwortete sie nun in einem normalen Ton. Offensichtlich hatte sie seinen Wutanfall von vor zwei Minuten schon komplett hinter sich gelassen. So schnell, wie der Sturm der Aggression in ihr aufgezogen war, schien er sich nun wieder verflüchtigt zu haben.

Das war vielleicht eine seltsame Person, die ich da kennengelernt hatte! Das Wetter im April war gegen sie noch richtig berechenbar und beständig!

„Aber was habe ich denn für eine andere Wahl?", erzählte sie weiter.

„Die Alternative wäre, dass ich depressiv in der Ecke sitze, mir die Decke über den Kopf ziehe, mich von der Außenwelt abkapsele und darauf warte, dass sich – warum auch immer – alles zum Guten wendet.

Doch die Wahrscheinlichkeit, dass ein Wunder geschieht und ich eines Morgens aufwache und alles perfekt ist, ist gleich null. Also habe ich nur noch die Möglichkeit, mich umzubringen oder weiterzukämpfen.

Wobei Ersteres für mich ebenfalls wegfällt, da mir niemand versichern kann, dass es dort, wo ich nach dem Tod hinkomme, besser ist und ich dort glücklich werde. Wenn ich Pech habe, kommt nach dem Leben sogar einfach nur ein schwarzes Loch, in dem gar nichts mehr passiert.

Dann bin ich einfach weg, und meine Freunde, Familie und Bekannten müssen zusehen, wie sie mit meinem Selbstmord klarkommen. Das möchte ich auch nicht. Deshalb bleibt mir lediglich die

Flucht nach vorne. Ich muss mich nach jedem Sturz wieder aufrappeln und weiterkämpfen. Aufgeben ist für mich keine Option! Lieber scheitere ich, als mir ewig vorzuwerfen, nicht gekämpft zu haben!

Außerdem muss man in vielen Situationen – wie bereits erwähnt – einfach einen kurzen Augenblick die Zähne zusammenbeißen, all seinen Mut zusammennehmen und tapfer sein. Dann hat man meistens schon den ersten, wichtigsten und häufig auch schwierigsten Schritt geschafft!"

„Oh ja!", lächelte ich sie provokant an.

„Das habe ich gerade gemerkt! Die Situation eben hat mich auch gerade sehr viel Mut und Überwindung gekostet! Mein Gefühl hat mir gesagt: ‚Lauf weg, so schnell du rennen kannst, bevor die Person vor dir komplett explodiert!' Und mein Verstand hat mir gesagt: „Nein, das kannst du jetzt nicht machen. Sie wird sich gleich wieder beruhigen."

Schuldbewusst blickte sie mich mit ihren großen, traurigen Augen an: „Entschuldigung, das wollte ich nicht. Da sind meine Gefühle mit mir durchgegangen."

„Du musst dich nicht rechtfertigen!", unterbrach ich sie schnell mitten im Satz, um zu verhindern, dass sie erneut damit anfing, auf sich selbst loszugehen, „es ist ok.

Die Situation ist entschärft, wir beide sind wohl auf und es ist nichts Schlimmes passiert. Ich habe mich lediglich erschrocken und war darüber erstaunt, dass du von einer auf die andere Sekunde so aggressiv gegen dich selbst geworden bist.

Damit hatte ich nicht gerechnet. Du hattest mich zwar vorhin ausführlich vorgewarnt, dass deine Gefühle wie eine Achterbahn urplötzlich abrauschen oder in die Höhe schießen können, aber dass es tatsächlich sooo schnell gehen würde, hätte ich nicht gedacht. Das hat mich wirklich überrascht, zumal es in meinen Augen noch nicht einmal einen richtigen Grund für deinen Wutausbruch gab.

Ich wusste in dem Moment nicht, wie ich reagieren und mich verhalten sollte. Ich war mit der Situation vollkommen überfordert und hatte Angst, etwas falsch zu machen.

Ich habe so eine krasse Reaktion zuvor noch nie gesehen. Da habe ich im ersten Augenblick etwas Panik bekommen und wollte am liebsten fliehen.

Aber das liegt und lag nicht an dir, sondern an mir. Ich war so überrumpelt, dass ich gar nicht begreifen konnte, was gerade passierte."

Die Bordi nickte verständnisvoll.

„Ich glaube, das ist für Nicht-Betroffene auch schwer zu begreifen. Ich wüsste selbst nicht, wie ich an der Stelle eines Außenstehenden in solchen Situationen reagieren würde.

Vermutlich wäre mein erster Gedanke, ebenfalls, die Flucht zu ergreifen und schnell zu verschwinden, bevor sich die Wut des Betroffenen noch gegen mich richtet", gestand sie offen,

„aber da ich selbst betroffen bin, weiß ich, dass man in solchen Momenten nicht mehr man selbst ist. Man verliert die Kontrolle über sich, seine Gedanken und Gefühle. So wie ich gerade.

Es ist, als ob mein Körper in diesen Momenten meinen Verstand aussperrt und sich nicht mehr steuern lässt. Wie von außen sehe ich zu und denke: ‚Was zum Teufel tust du denn jetzt schon wieder?!', aber kann es nicht verhindern, dass ich weiterhin ‚Amok laufe'. Dieses Gefühl ist verdammt unangenehm.

Ich glaube, am besten vergleichen kann man dieses Gefühl mit einem durchgehenden Pferd. In einer Minute reitet man noch gemütlich durch die Landschaft, genießt das Wetter und denkt an nichts Böses, und keine Minute später erschrickt sich das Pferd vor einem Geräusch, einer unerwarteten Berührung oder manchmal sogar vor seinem eigenen Schatten und geht durch.

Ohne Vorwarnung beginnt es zu steigen, zu buckeln, und rast querfeldein los. Es ist so panisch im Kopf, dass es ihm egal ist, was und wer sich ihm in den Weg stellt. Es rennt einfach weiter und versucht dabei, seinen Reiter abzubocken.

Und wenn man sich jetzt noch vorstellt, dass der Reiter keinerlei Reiterfahrung hat, ihm die Zügel aus der Hand gefallen sind und der Sattel keine Steigbügel besitzt, dann hat man eine annähernde Vorstellung von dem Gefühl, das ein Borderline-Betroffener verspürt, wenn ihm seine Gedanken und Gefühle aus der Hand gleiten. Er möchte die Kontrolle zurückgewinnen, hat aber keine Ahnung, wie er das durchgehende Pferd bremsen und beruhigen soll."

31. Seine Gedanken und Gefühle bändigen

„Das ist wirklich eine bescheidene Situation!", bestätigte ich ihre Aussage.

„Ohne Zügel in der Hand hat selbst eine reiterfahrene Person Schwierigkeiten, auf ein in Panik geratenes, bockendes Pferd einzuwirken und es zu bremsen. Ein Reitanfänger hat da eigentlich kaum eine Chance. Er kann von Glück sagen, wenn er nicht kopfüber in der nächsten Matschpfütze landet und sich bei einem Sturz irgendwelche Knochen bricht! Ohne Steigbügel auf einem ruhigen, braven Pferd zu reiten, ist eine Herausforderung. Aber auf einem temperamentvollen Pferd?! Das ist einfach nur wahnsinnig!!! Ich persönlich würde vermutlich schon nach dem ersten Bocksprung im Dreck landen."

Sie grinste mich an.

„Das glaube ich dir. Ich habe mich auch schon sehr oft schneller als gewollt am Boden wiedergefunden. Manchmal habe ich den Sturz unbeschadet überstanden, und andere Male habe ich schwere Prellungen und schmerzhafte Verletzungen von dem Aufprall davongetragen.

Doch mit der Zeit habe ich, wie im realen Umgang mit Pferden, gelernt, mit meinem unberechenbaren Wildpferd umzugehen. Ich wurde sattelfester, lernte, nicht direkt in Panik zu verfallen, wenn mir die Zügel aus der Hand glitten und die Gedanken und Gefühle, die mit mir durchgingen, auch ohne Zügel einzufangen, zu bremsen und wieder unter Kontrolle zu bekommen."

„Das finde ich gut!", lobte ich sie.

„Da gehörte sicherlich einiges an Mut, Willenskraft und Stärke dazu, bis du gelernt hast, mit deinem Mustang im Kopf umzugehen und ihn auszubremsen."

„Ja, das braucht man auf jeden Fall. Doch noch viel wichtiger ist Übung", ergänzte sie mich.

„Ohne Übung hat man da keine Chance. Wer trotz Diagnose Borderline seine Gedanken und Gefühle so beeinflussen will, dass sie nicht ständig von dem einen in das andere Extrem rutschen, die innere Wut die Oberhand gewinnt und man wie ein gezündetes Feuerwerk in die Luft geht, muss lange üben, viel Geduld aufbringen und dazu bereit sein, sich selbst und seinen Körper kennenzulernen, und die Signale, die er sendet, verstehen lernen. So etwas lernt man nicht von einem auf den anderen Tag. Und selbst wenn man es an einem Tag schafft, das innere Wildpferd zu bändigen, heißt das noch lange nicht, dass es einem am nächsten Tag ebenfalls gelingt.

Das Leben ist unberechenbar und die Gedanken- und Gefühlswelt eines Borderline-Betroffenen ist es noch mehr!"

32. Die stärksten Waffen, die ein Mensch besitzen kann

„Oh ja! Das habe ich gemerkt!", neckte ich sie, „von null auf einhundert in nicht einmal 30 Sekunden. Und das zusätzlich noch ohne ersichtlichen Grund! Das schafft nicht jeder!"

"Och", konterte sie gekonnt in einem sarkastischen Ton, „das war noch gar nichts... Wenn meine Emotionen komplett mit mir durchgehen, dann gehen die Situationen nicht ganz so harmlos aus. Dann würde es hier bedeutend anders aussehen."

Für einen kurzen Augenblick mussten wir beide lachen, weil wir beide wussten, dass sie mit dieser Aussage eindeutig die Wahrheit sagte.

„Schön, dass du trotz deiner Stimmungsschwankungen und Probleme im Leben dein Lachen, deinen Humor und deinen Sinn für Sarkasmus und Ironie nicht verloren hast. Es gibt wenige Menschen, die über sich selbst lachen können. Dass du das kannst, finde ich toll", lobte ich sie.

„Na ja, was bleibt mir anderes übrig?", fragte sie wenig beeindruckt.

„Wenn ich mich selbst bemitleide, ändert das die Situation auch nicht. Ganz im Gegenteil: Mein Selbstmitleid würde die Situation für mich vermutlich noch weiter verschlimmern.

Deshalb versuche ich mich an kleinen, positiven Dingen zu erfreuen und das Leben zumindest ab und zu nicht so ernst zu nehmen.

Das Leben ist nämlich viel zu kurz, um sich über Dinge, die man sowieso nicht mehr rückgängig machen oder verändern kann, den Kopf zu zerbrechen.

Deshalb versuche ich jeden Tag auszukosten, positiv zu nutzen und so viel zu lachen, wie es nur geht. Denn Lachen ist die beste Medizin, setzt Glückshormone frei und ist der größte und zugleich stärkste Feind von Problemen, Sorgen, Ängsten und negativen Gefühlen.

Jedes Mal, wenn du lachst, stirbt irgendwo ein Problem. Deswegen sollte man nicht verzweifeln, den Kopf in den Sand stecken oder sich heulend in einer Ecke verkriechen, wenn man das Gefühl hat, dass das Schicksal einen (mal wieder) verarscht, man sämtliche Probleme magisch anzieht oder man denkt, dass einem (mal wieder) von irgendwelchen Idioten der Boden unter den Füßen weggezogen wird. Sondern in genau solchen Momenten sollte man sich aufrecht hinstellen, seinen Mut zusammennehmen, sein Gegenüber fies angrinsen und denken: ‚Mich bekommst du nicht klein!

Ich werde kämpfen, um meinen Weg zu finden, wie ich MEIN Leben so gestalten und leben kann, wie ICH es möchte!', und man wird sehen, dass es einem damit besser geht, als wenn man sich verkriecht, nicht an sich und seine Stärken glaubt, den Aussagen der anderen über die eigene Unfähigkeit Glauben schenkt oder sich sogar selbst noch weiter nieder macht.

Denn dadurch, dass man seinem Gegenüber (seinen Problemen, Sorgen und Ängsten) direkt in die Augen schaut und nicht direkt davonrennt und sich versteckt, hat man die Möglichkeit, diese zuerst genau anzuschauen und zu analysieren und danach erst zu entscheiden, ob sie tatsächlich so bedrohlich sind, wie man anfangs angenommen hat oder ob sie vielleicht nur groß und bedrohlich wirken und in Wirklichkeit ganz klein und leicht zu beseitigen sind.

Des Weiteren sollte man nie – egal wie aussichtslos oder deprimierend der Kampf im Leben auch scheinen mag – seinen Optimismus, seine Lebensfreude, sein Lachen, seine

Willensstärke und seinen Sinn für Humor, Sarkasmus und Ironie verlieren. Denn wenn ein Mensch diese Dinge verloren hat, ist er tatsächlich verloren.

Zwar sind diese Fähigkeiten und Eigenschaften kein Allheilmittel, mit denen man alle Probleme, Sorgen und Ängste aus dem Weg räumen kann, aber dennoch können sie einem besonders in schwierigen Lagen durchaus hilfreich sein und neue Kraft freisetzen."

33. Nach jeder Nacht kommt auch wieder ein Morgen

„Das ist wohl wahr", stimmte ich ihr zu, „wer optimistisch denkt und durchgehend an eine positive Wendung glaubt, hat es deutlich leichter im Leben als ein negativ denkender Pessimist. Allerdings weiß ich aus eigener Erfahrung, wie schwer es ist, in schwierigen Situationen und dunklen Zeiten optimistisch und weiterhin an das Positive zu denken. Ich finde es beeindruckend, wie du es schaffst, dich nach jedem Rückschlag trotzdem wieder auf die Beine und Schritt für Schritt zurück ins Leben zu kämpfen! Da gehört schon einiges dazu, sich bei dem Leben, das du führst, nicht entmutigen zu lassen!"

Sie seufzte. „Ganz so einfach, wie es aussieht, ist es für mich aber leider auch nicht", gestand sie in einer nachdenklich wirkenden Tonlage.

„Nur weil ich gerade so wirke, als würde mich nichts dauerhaft umhauen können und als würde ich nur so von Optimismus und Lebensfreude trotzdem bedeutet das nicht, dass das bei mir dauerhaft so ist. Auch ich sitze abends häufig weinend auf der Couch oder liege nachts wach im Bett, weil ich nicht weiß, wie es weitergehen soll, mir die Kraft zum Kämpfen fehlt und ich das Gefühl habe, dass ich in einem dunklen, kalten Kerker eingesperrt bin und niemals mehr ans Licht gelangen werde.

Doch mit der Zeit und mithilfe von vielen Erfahrungen habe ich gelernt, dass nicht jeder Tag wie der andere ist. Nicht jeder Tag kann von Glück, Freude, Liebe und Herzlichkeit durchzogen sein.

Es muss auch schlechte Tage geben, an denen nichts so läuft, wie es soll, man von allen und jedem genervt ist und man sich am liebsten einfach nur noch in seinem Bett verkriechen und schlafen möchte. Denn gerade durch solche dunklen Tage lernt man, die positiven Momente im Leben wirklich zu schätzen und jeden schönen Augenblick zu genießen.

Außerdem versteht und begreift man mit der Zeit, dass nach jedem dunklen Tag irgendwann auch wieder die Sonne aufgeht. Das heißt, man lernt mit seinen Gedanken und Gefühlen umzugehen. Zwar kann man als Borderline-Betroffener sein Schwarz-weiß-Denken, also das Hin- und Herschwanken zwischen den einzelnen Extremen in seiner Gedanken- und Gefühlswelt nicht abstellen, aber man merkt, dass man gerade in ein Extrem abrutscht, und kann sich das selbst vor Augen halten.

Ich zum Beispiel neige sehr, sehr gerne dazu, nach einem einzigen schlechten Erlebnis den gesamten Tag, die gesamte Woche oder mein gesamtes bisheriges Leben als schlecht abzustempeln und alle positiven Momente zu vergessen.

Allein durch einen Fehler oder ein schlechtes Ereignis vergesse ich alles, was zuvor positiv gelaufen ist und was ich erreicht habe, und in meinem Kopf spielen sich alle negativen Momente in meinem Leben wie ein Endlosfilm hintereinander ab.

Dadurch rutscht meine Stimmung selbstverständlich noch weiter ab. Jahrelang habe ich diesen Vorgang in meinem Kopf einfach weiter voranschreiten lassen und tatsächlich gedacht, dass mein gesamtes Leben ausschließlich aus doofen Situationen und dunklen Momenten bestand und dass ich zu nichts fähig war.

Ich habe meine komplette Umwelt in schwarz gesehen und meine Gedanken waren ebenfalls dunkel und depressiv. Dann, vor ein paar Jahren, habe ich damit angefangen, gegen diese negativen Gedanken und das Schlechtreden nach nur einem Ausrutscher anzukämpfen. Ich habe meine gesamte Kraft dazu eingesetzt, gegen die dunklen Gedanken und mein Problem in meinem Kopf anzugehen.

Ich dachte, ich wäre gestört, mein Gehirn wäre kaputt oder sonst etwas würde mit mir nicht stimmen. Also setzte ich meine ganze Energie daran, mich so zu verhalten wie meine Mitmenschen und mein Gehirn dazu zu zwingen normal zu denken.

Doch irgendwann merkte ich, dass auch dieser Weg falsch war. Denn ich bekämpfte nicht nur meine negativen Gedanken, sondern in erster Linie mich selbst. Ich zwang mich dazu, die Gedanken und Gefühle von jemandem zu übernehmen, der ich gar nicht war.

Dieser Kampf kostete mich so immens viel Kraft, dass ich täglich so k. o. war, dass ich gar nicht mehr die Möglichkeit hatte, positive Gefühle wahrzunehmen. Ich war so mit Kämpfen beschäftigt, dass ich überhaupt nicht registrierte, wenn etwas Positives und Schönes in meinem Leben passierte.

Also musste ich mir noch einen neuen Plan überlegen. Eine Strategie, bei der ich ich selbst sein konnte und gleichzeitig nicht bei jeder

Kleinigkeit in meine selbst geschaffene schwarze Welt abtauchte. Und dieser Strategie bleibe ich – oder versuche es zumindest – bis heute treu.

Sobald ich merke, dass sämtliche Farbe aus meiner Gedanken- und Gefühlswelt weicht und sich ein grauer Schleier über alles legt, sage ich laut Stopp! Ich mache mir bewusst, dass nicht alles so dunkel ist, wie es gerade scheint, sondern mir meine Borderline-Erkrankung gerade einen Streich spielt beziehungsweise mich auf die Probe stellt.

Ich versuche, dagegen nicht aktiv anzukämpfen, aber ich weiß, dass ich mich gerade nicht auf meine eigene Wahrnehmung verlassen kann. Ich nehme meine Gedanken in diesen Situationen sozusagen nicht so ernst. Und wenn dann die Gedanken sagen, dass alles und jeder um mich herum doof, gemein, hinterhältig und schlecht ist, versuche ich an etwas Positives zu denken und meine Gedanken gezielt in die andere Richtung zu lenken. Oder, wenn das nicht funktioniert, beruhige ich mich selbst, nehme die kleine, trotzige Stimme in meinem Kopf – bildlich gesehen – in den Arm, streichle ihr über das Haar und versuche sie zu trösten. Ich spreche und behandle sie so wie ein kleines

Kind. Ich nehme sie ernst und versuche, ihr mit sachlichen Argumentationen ihre Angst und ihre Bedenken zu nehmen. Ich erkläre ihr, dass ich gut nachvollziehen kann, dass sie gerade alles schwarzsieht, aber dass das morgen auch schon wieder ganz anders aussehen kann.

Danach weint sie meistens noch ein bisschen und lässt sich trösten. Doch spätestens am nächsten Tag ist sie wieder fröhlich, kommt zu mir und ruft freudig: ‚Du hattest recht! War alles halb so schlimm, jetzt ist alles wieder gut!'"

Ich musste schmunzeln.

„Nach jeder dunklen Nacht kommt ganz sicher auch wieder ein neuer Tag mit Sonnenschein. Und manchmal heißt es einfach nur warten oder durchhalten, bis die Sonne wieder aufgeht und die Umgebung erhellt. Das kenne ich selbst zur Genüge. Dementsprechend kann ich dich an diesem Punkt ganz gut verstehen. Aber Stimmen im Kopf, die mit mir reden oder mit denen ich rede, das habe ich nicht!!!"

Die Bordi lachte laut.

„Ich auch nicht. Also zumindest nicht direkt. Diese Aussage darfst du nicht wörtlich nehmen! Das ist im übertragenen Sinne gemeint."

Verwirrt blickte ich sie an. Stimmen, die reden, Stimmen, die nicht da sind, gar keine Stimmen, Gedanken - langsam verlor ich an diesem Punkt den Überblick.

34. Sprechende Gedanken

„Ich erkläre es dir", versuchte sie Licht ins Dunkel zu bringen.

„Jeder Mensch hat Gedanken im Kopf. Und die meisten Menschen denken ihre Gedanken in Wörtern. Dementsprechend sind für mich Gedanken wie Stimmen. Sie sind da und sagen zum Teil ihre Meinung, manchmal sagen sie, was wir tun sollen oder was besser nicht, und ab und zu diskutieren sie auch."

„Ich habe zu 100 Prozent keine Stimmen im Kopf, die mir sagen, was ich zu tun habe!!!", unterbrach ich sie empört. „Es kann ja sein, dass du Stimmen hörst, aber ich bestimmt nicht!"

„Doch, ich bin mir ziemlich sicher, dass jeder ab und zu ,Stimmen' im Kopf hat", redete sie unbeirrt in ruhigem Ton weiter.

„Ich versuche es, dir mal anhand eines Beispiels zu erklären: Du gehst einkaufen. Auf deinem Einkaufszettel steht genau, was du kaufen willst und was du brauchst. Süßigkeiten und Fertigprodukte stehen natürlich nicht auf deinem Zettel, weil du letzte Woche zum gefühlten fünfhundertsten Mal dich dazu entschieden hast, auf dein Gewicht und auf deine Ernährung zu achten, und deshalb ab sofort ausschließlich mit frischen Lebensmitteln kochen möchtest.

Doch du bist kaum in das Geschäft hereingekommen und dann stehst du auch schon vor den Süßwarenregalen. Deine Vernunft empfiehlt dir, dass du schnellstmöglich in die Obst- und Gemüseabteilung weitergehen solltest, doch dein innerer Schweinehund sorgt bereits dafür, dass dir das Wasser im Mund zusammenläuft.

Langsam lässt du deinen Blick über das Regal wandern und scannst bereits, ob deine Lieblingsschokolade vorrätig ist. Doch in diesem Moment mischt sich dein schlechtes Gewissen ein und führt dir deine guten Vorsätze vor Augen. Ruckartig schaust du von dem Regal weg und zwingst dich dazu, dich an deinen Einkaufszettel zu halten. Langsam und zögerlich beginnst du in Richtung Frischwarenabteilung zu laufen.

Du bist schon fast an den Süßwaren vorbei, als du dich doch noch mal rumdrehst und ein letztes Mal darüber nachdenkst, ob du nicht vielleicht doch noch etwas Süßes einpackst. Schließlich darf man sich auch bei einer gesunden Ernährungsweise ab und zu etwas Ungesundes gönnen. An der Kasse angekommen, merkst du allerdings, dass du mindestens genauso viele ungesunde Fertigprodukte, Süßigkeiten und frittierte Sachen gekauft hast wie Obst und Gemüse. Das Einhalten deiner anfänglich guten Vorsätze hat erneut nicht ganz so funktioniert wie ursprünglich geplant. Ein schlechtes Gewissen und das ein oder andere Schuldgefühl überkommen dich und du bist leicht enttäuscht, dass dein innerer Schweinehund wieder zugeschlagen hat."

„Hmm", antwortete ich. „Ja, das kenne ich! Das passiert mir regelmäßig. Oder bei dem Vorsatz, mehr Sport zu treiben, kenne ich das ebenfalls ziemlich gut. Der Wille, etwas für sich, seine Fitness und seine Gesundheit zu tun, ist da, doch an der Umsetzung scheitert es meistens. Aber Stimmen im Kopf habe ich deswegen trotzdem nicht!"

„Jain", korrigierte sie mich.

„Mit Stimmen im Kopf meine ich auch nicht, dass eine fremde Person in deine Gedanken eindringt und dir sagt, was du zu tun und zu lassen hast, sondern eher deine eigenen Gedanken, deine eigenen Einstellungen und deine Gefühle, die miteinander ringen.

Zum Beispiel dein schlechtes Gewissen, deine Vernunft, manchmal die Wut, die Trauer oder die Einsicht.

Im Grunde genommen sind das nur Gedanken, doch da Gedanken für mich nicht greifbar und somit nicht verständlich sind, habe ich angefangen, meinen Gefühlen und meinen Gedanken sozusagen Persönlichkeitseigenschaften zu geben.

Dadurch werden sie für mich besser verständlich. Ich stelle mir bildlich vor, welches Gefühl und welche Einstellung gerade in meinem Kopf versucht, mich zu beeinflussen, und kann dementsprechend darauf eingehen oder darauf einwirken. Das erleichtert mir den Umgang mit mir selbst, meinen Gefühlen und meiner Diagnose ungemein.

Weil in meinem Kopf so gut wie nie nur zwei, drei Gedanken parallel ablaufen – geschweige denn nacheinander – bei mir sind es immer gefühlte einhundert Gedanken, die quer durcheinander diskutieren. Das heißt, eigentlich herrscht in meinem Kopf so gut wie durchgehend ein heilloses Chaos. In Situationen, wo du genau weißt, was du antwortest oder wie du dich verhältst, muss ich häufig erst eine Weile überlegen, weil meine

Gedanken alle wild durcheinanderlaufen und ich zuerst einmal grob sortieren muss. Wie in einem Kindergarten läuft bei mir alles Drunter und Drüber, alle reden durcheinander und es herrscht ein enormer Lärmpegel."

„Oh je", schaute ich die kleine Lady verwundert, aber dennoch mitfühlend an. „Wirst du da nicht verrückt, wenn ständig so viel Chaos in deinem Kopf herrscht?!"

„Manchmal schon", grinste sie mich an, „aber eigentlich mache ich damit eher die Menschen in meiner Umgebung verrückt.

Ich kenne es ja nicht anders. Für mich ist es normaler Alltag, dass ich alle Alternativen und Möglichkeiten in meinem Kopf durchgehe, bis ich eine Entscheidung treffe.

Klar, nervt mich mein vieles Denken hin und wieder auch, aber für jemanden, für den es neu ist, dass ein Mensch so viel und so durcheinander denkt, ist das noch mal eine ganz andere Hausnummer.

Wenn ich mich nicht komplett konzentriere, meine Gedanken zu ordnen, springe ich ständig von einem zum anderen Thema und mein Gegenüber versteht gar nichts mehr von dem, was ich rede. Das kann für meinen Zuhörer auf Dauer verwirrend und anstrengend werden. Schließlich hat er keinen Plan von dem, was alles in meinem Kopf parallel abläuft. Er oder sie ist es nicht gewohnt, so kompliziert und chaotisch zu denken; und das dann ohne Übung zu verstehen, ist eine ordentliche Herausforderung."

„Das habe ich bereits gemerkt! Du bist echt ziemlich sprunghaft in den Themen. Von einer auf die andere Sekunde springst du aus einem für mich unersichtlichen Grund von einem zum anderen Thema.

Immer wenn ich denke: ‚Jetzt kann ich ihm gedanklich folgen', kommt das nächste Thema und ich stehe wieder mit Fragezeichen über dem Kopf da!", erklärte ich ihr. „Aber da ich nun weiß, dass es in deinem Kopf noch chaotischer abläuft, als du nach außen hin widerspiegelst, bin ich ganz froh, dass es nur diese Themensprünge sind. Ich glaube, das ist noch harmlos im Vergleich zu dem, was du in deinem Kopf erlebst!"

Die Bordi musste lachen. „Ja, das stimmt! Aber wie bereits gesagt: Ich kenne es nicht anders. Irgendwann gewöhnt man sich größtenteils daran und lernt, damit umzugehen."

Ich machte eine kurze Pause und überlegte, wie ich den nächsten Satz am besten anfangen sollte. Ich wollte ihr etwas mitteilen, aber wusste nicht, wie ich es am geschicktesten verpacken sollte. Ich kam mir irgendwie doof vor. Die Situation war mir extrem unangenehm. Doch dann nahm ich meinen Mut zusammen und sprach meine Gedanken einfach frei aus: „Du bist gar nicht so bekloppt, wie ich anfangs dachte! Oh nein! Bitte jetzt nicht falsch verstehen!", ich wurde knallrot.

„Ich meinte nicht bekloppt, sondern verrückt! Ähm... nein... verrückt ist ebenfalls falsch... Mist!"

„Sag einfach ‚anders'", unterbrach sie mich, weil sie ihr Lachen nur schwer zurückhalten konnte.

„O. k.", ich atmete noch mal kurz durch, um mich zu beruhigen und erneut zu konzentrieren.

„O. k. Anders. Also: Du bist gar nicht so viel anders, als ich zu Anfang befürchtet hatte. Als ich dich vorhin weinend auf dem Bordstein sitzen sah, dachte ich: ‚Oh Gott! Was ist das denn für ein merkwürdiger Vogel?!'

Am liebsten hätte ich die Flucht ergriffen und wäre in die andere Richtung davongelaufen. Aber dann habe ich dich doch angesprochen und je mehr wir uns unterhalten haben und je mehr du mir von dir erzählt hast, desto mehr habe ich begriffen, dass du eigentlich ganz in Ordnung bist. Du bist kein Monster, du hast mich nicht angegriffen, und dafür, dass du in deiner Vergangenheit so viel mitmachen musstest, verhältst du dich auch noch relativ normal. Wenn ich mir da manche ‚normale‘ Menschen anschaue, dann bist du mir deutlich sympathischer als die!"

35. Aufklärung ist alles

„Danke für das Kompliment", bedankte sie sich.

„Doch leider sehen das nicht alle Menschen so. Die meisten sehen meine vernarbten Arme, hören das Wort Borderline oder psychische Erkrankung und stecken mich dann sofort in eine Schublade, schließen diese ab und schmeißen den Schlüssel so weit weg, dass ich gar keine Chance mehr habe, aus dieser Schublade herauszukommen. Manchmal habe ich das Gefühl, dass Borderline ein anderer Begriff für das Wort Monster ist. Sobald sie die Diagnose Borderline hören, bin ich bei vielen Menschen untendurch.

Oftmals habe ich gar keine Chance mehr, gegenüber diesen Menschen sympathisch zu wirken oder überhaupt Gehör zu finden. Egal, was ich sage, was ich mache oder was ich denke – es ist sowieso ´alles typisch Borderline´ und somit verrückt und krankhaft. Das ist traurig und tut jedes Mal aufs Neue verdammt weh, ohne ersichtlichen Grund so abgeschrieben zu werden! Mein Gegenüber weiß noch nicht einmal, wie ich heiße, aber meint schon, mich verurteilen und in eine Schublade einsortieren zu können! Das ist fies!"

„Ja, das glaube ich dir, dass das schmerzhaft ist", musste ich ihr zustimmen.

„Solche Aussagen sind wirklich nicht besonders freundlich und aufbauend. Aber ich muss dir leider auch ehrlicherweise gestehen, dass ich erst einmal schlucken musste, als ich deine Arme gesehen habe. Die sehen echt heftig aus.

Und wenn man nicht weiß, was Borderline genau bedeutet, wieso Menschen ihrem eigenen Körper so etwas bewusst antun und was beziehungsweise wie Menschen mit der Diagnose Borderline denken und fühlen, ist es schon sehr, sehr schwer, diesen Menschen Verständnis entgegenzubringen. Das soll allerdings nicht heißen, dass das eine Entschuldigung oder Rechtfertigung dafür ist, dass man Menschen, die ‚anders' sind, gleich verurteilen, ausgrenzen und beleidigen darf!"

„Hmmm", antwortete sie mir.

„Das mag sein. Ich wüsste, glaube ich, auch nicht, wie ich reagieren würde, wenn ich einen Menschen mit Selbstverletzungsnarben an den Armen sehen würde und keinerlei Vorerfahrung auf diesem Gebiet hätte.

Vermutlich würde ich ebenfalls erst einmal schockiert blicken und denken: ‚Oh Gott! Wie kann der oder die sich bloß selbst die Arme aufschneiden! Das tut doch höllisch weh!‘ Aber dann würde ich mir Gedanken darüber machen und zu dem Entschluss kommen, dass die Person wohl einen triftigen Grund dafür haben muss, sich selbst Schaden zuzufügen.

Aus reinem Spaß an der Freude wird sich schließlich kein Mensch freiwillig selbst Schmerzen zufügen. Außerdem würde ich die betroffene Person keinesfalls als Monster abstempeln oder gar beleidigen.

Denn meine Meinung ist, solange man die Geschichte eines Menschen nicht kennt, sollte man sich kein Urteil über ihn, sein Verhalten, seine Ansichten und seine Persönlichkeit erlauben. Jeder Mensch besitzt eine Vergangenheit, die ihn geprägt hat.

Und diese Prägung sorgt nun mal dafür, dass sich manche Menschen in den Augen von Außenstehenden merkwürdig, seltsam oder unverständlich verhalten. Aber zu schlechteren Menschen werden sie deshalb trotzdem noch lange nicht! Jeder Mensch, egal ob gesund, krank, dick, dünn, schwarz, weiß, rothaarig, mit Sommersprossen, schwul, lesbisch, religiös, Atheist etc. ist gleich wertvoll! Es gibt keine ‚besseren' und keine ‚schlechteren' Menschen."

„Nein, sicherlich nicht", gab ich ihr Recht.

„Sicherlich sagen ein paar Narben, unverständliche Verhaltensweisen, seltsame Angewohnheiten oder sonst etwas Unübliches etwas über den Wert der Person aus. Aber Menschen neigen nun mal bekanntlich dazu, alles, was sie nicht kennen, verstehen und/oder begreifen oder was aus der Masse heraussticht, als ‚verrückt' oder ‚krankhaft' abzustempeln. Da kann man leider nichts machen."

„Doch!!!", fiel sie mir aufgebracht mitten in den Satz.

„Klar kann man da was machen! Man kann über Borderline und andere psychische Erkrankungen oder Dinge, die die Gesellschaft als unnormal ansieht, aufklären.

Man kann zum Beispiel verständlich machen, dass Borderline-Betroffene keine bösartigen Monster sind, sondern auch ‚nur' ganz einfache, normale Menschen, die lediglich eine andere Denkweise besitzen und ihre Gefühle anders wahrnehmen als Nicht-Betroffene."

36. Fremdenführer

Diese Aussage von ihr ließ ein breites, ehrliches Lächeln auf meinem Gesicht erscheinen.

„Stimmt! Genau das machst du ja gerade! Bevor ich dich kennengelernt habe, hatte ich keine Ahnung, was Borderline ist, geschweige denn, was es bedeutet, mit dieser Diagnose zu leben. Ehrlich gesagt hatte ich den Begriff Borderline zuvor noch nie beziehungsweise in noch keinem positiven Zusammenhang gehört.

Doch inzwischen weiß ich durch dich, deine geduldigen Erklärungen und deine bildhaften Beschreibungen relativ genau, was Borderline ist, was es heißt, mit dieser Diagnose zu leben, und dass ein Leben mit dieser Diagnose nicht ausschließlich negative Seiten hat.

Danke dafür! Du hast mir die Augen geöffnet und mich dafür sensibilisiert, nicht alle Menschen, die sich ungewohnt verhalten, anders aussehen oder nicht in mein gewohntes Weltbild passen, direkt in die unterste Schublade mit der Überschrift verrückt und geisteskrank einzusortieren.

Du hast mir deutlich gemacht, dass auch Menschen mit tiefen Narben an den Armen, unverständlichen Verhaltensweisen und/oder anderen Denkweisen in erster Linie genauso Menschen sind wie alle anderen menschlichen Bewohner dieser Erde ebenfalls.

Nur weil eine Person die Diagnose Borderline hat und somit als psychisch krank gilt, wird er oder sie dadurch nicht zwangsläufig zu einem Monster oder einem schlechteren Menschen.

Leute mit der Diagnose Borderline oder einer anderen psychischen Erkrankung oder Problemen im Leben, verdienen es genauso, akzeptiert, toleriert, beachtet und gemocht zu werden wie andere ‚gesunde' Menschen. Jeder Mensch hat seine eigene, individuelle Geschichte, die ihn geprägt und dazu gemacht hat, was er heute ist. Das habe ich jetzt verstanden.

Bevor ich dich getroffen habe, war mir die Welt eines Borderline-Betroffenen vollkommen fremd. Ich konnte mir nicht vorstellen, was in deinem Kopf vorgeht. Es war mir ein unerklärliches Rätsel, wieso du dich in manchen Situationen so verhalten hast, wie du dich eben verhalten hast.

Doch jetzt ist mir einiges klarer! Wie ein Fremdenführer hast du mich an der Hand genommen und mir deine Welt gezeigt und verständlich erklärt. Verstehen tue ich dich, deine Gedanken und deine Gefühle zwar trotzdem nicht komplett, aber ich kann wenigstens nachvollziehen, wieso du dich ab und zu ungewohnt oder anders als andere Menschen in derselben Situation verhältst. Und das ist meiner Meinung nach schon ein riesiger Fortschritt!"

37. Abschied

„Ja, das ist es wohl!", lobte mich meine neue Freundin, die Borderlinerin.

„Eigentlich ist es nur eine kleine Veränderung in deiner Denkweise und deiner Einstellung zu anderen (fremden) Menschen, die man kaum sieht, aber diese kleine Veränderung kann Gigantisches bewirken.

Deshalb halte an ihr fest und vergiss bitte nie, was ich dir auf unserer kleinen Reise alles erklärt und gezeigt habe. Vielleicht siehst du die Welt oder besser gesagt die Welt anderer besonderer Menschen ab heute mit anderen Augen.

Ich würde es mir zumindest für dich und deine Umwelt wünschen. Denn du bist gar nicht so gefühlskalt, wie du immer vorzugeben scheinst. Kein Mensch kann seine Gefühle an einem Schalter einfach so abschalten. Das geht nicht. Zumindest nicht ohne Folgen. Wenn du keine Gefühle zulässt, dir dein empathisches Empfinden verbietest und immer und zu jeder Zeit nur auf Leistung und funktionieren-müssen ausgerichtet bist, bist du nämlich kein Mensch mehr, sondern lediglich ein Roboter, der verlernt hat, was leben bedeutet."

Bereits während der letzten Sätze der Bordi hörte ich im Hintergrund ein leises Piepsen, das zunehmend lauter wurde. Anfangs wusste ich dieses Geräusch nicht einzuordnen, doch als nun mein Körper zunehmend schwerer und die Umrisse meiner Umgebung stetig blasser wurden, wusste ich, dass dieses Geräusch mein Wecker sein musste.

Die Nacht war um und mein normaler Alltag wollte mich zurückhaben. Widerwillig musste ich mich nun von der kleinen zerzausten Gestalt, die ich inzwischen ins Herz geschlossen hatte, verabschieden.

Allerdings fand ich keine richtigen Worte dafür. Verabschiedungen waren noch nie mein Ding gewesen. Aus diesem Grund war ich heilfroh, als die Bordi die letzten Worte übernahm, bevor die Umrisse um mich herum komplett verblassten.

Sie lächelte mich an und sagte: „Bleib immer du selbst und versuche dich nicht zu verbiegen. Du bist du und nicht die Person, die andere gerne aus dir machen wollen oder die die Gesellschaft haben will. Bleibe dir selbst treu, dann wirst du glücklich."

Danach winkte er mir noch kurz zu, bevor er samt seiner Umgebung in einem hellen Licht verschwand.

„Piiiiiieeeeppppp, Piiiiiieeeeppppp, Piiiiiieeeeppppp ...", stöhnend und genervt von meinem Wecker schlug ich die Augen auf und zeitgleich mit meiner rechten Hand auf den Nachttisch, um das nervtötende Ding auszuschalten. Dass Wecker auch immer in den unpassendsten Situationen klingeln müssen?!

Langsam orientierte ich mich in meinem Schlafzimmer. Alles sah noch genauso aus wie gestern. Alles stand an seinem Platz, ich lag dort, wo ich hingehörte, aber dennoch fühlte sich irgendetwas in mir fremd an.

Irgendetwas sagte mir, dass ich nicht mehr der Mensch war, der gestern in diesem Bett eingeschlafen war. Ich hatte mich auf positive Art und Weise verändert. Das wusste ich bereits jetzt. Noch konnte ich zwar nicht genau definieren, was sich an mir verändert hatte, aber es war auf jeden Fall etwas Wichtiges.

Leseprobe „Zersplitterte Seele"

Kapitel 1

„Lisaaa!", der wütende Schrei von Frau Hummel hallte von der Dienstwohnung im Erdgeschoss durch das gesamte Haus. Über zwei Stockwerke hinweg spürte man den Zorn der Heimleitung.

Normalerweise war es nicht Frau Hummels Art zu schreien, in ihrem Studium und nach über zwanzig Jahren Diensterfahrung hatte sie gelernt ruhig zu bleiben, aber diese Klientin kostete sie den letzten Nerv! Lisa lebte erst seit drei Wochen in der betreuten Einrichtung und hatte sich schon mehr Tadel geleistet, als die restlichen elf Jugendlichen zusammen. Bereits nach der ersten Woche wurde sie von der Polizei bei einem Ladendiebstahl aufgegriffen. Eine Woche später prügelte sie sich mit einem Jungen aus der Nachbarschaft – der Grund hierfür war immer noch unklar – und jetzt das! Kein Wunder, dass das Mädchen bereits aus zahlreichen anderen Heimen, Wohngruppen und Pflegefamilien geworfen wurde. Niemand traute sich mehr zu, die 16-Jährige zu bändigen.

Aufgebracht streifte sich Frau Hummel mit ihrer rechten Hand durch ihr halblanges, bereits an einigen Stellen deutlich ergrautes Haar. Sie konnte es kaum fassen, was in dem Schreiben, das von Lisas Schule stammte und nun vor ihr lag, zu lesen war.

Bis heute glaubte sie immer daran, dass die Jugendlichen lediglich eine feste Bezugsperson und Fürsorge benötigten, um wieder einen Halt im Leben zu finden. Die meisten von ihnen besaßen keine leichte Vergangenheit und waren nicht umsonst in einem Heim gelandet.

Vielen hatten ihre Eltern schon in frühen Jahren verloren oder durchlebten Gewalt in der Familie. Kannte man ihre Vorgeschichten, konnte man die meisten Verhaltensweisen nachvollziehen. Bei manchen Akten lief es selbst ihr als erfahrene Heimleitung eiskalt den Rücken hinunter. Es war grausam, welch schreckliche Dinge einige ihrer Schützlinge schon in ihrem kurzen Leben durchmachen mussten.

In ihrem Haus nahm sie gerne sogenannte „schwere Fälle" auf, die aus anderen Einrichtungen oder Familien geworfen wurden, weil sie sich nicht integrieren konnten, beziehungsweise wollten, oder sich zu drastische

Vergehen geleistet hatten. Und ja, natürlich gab es in der Anfangszeit häufig Probleme und kleineren oder größeren Kummer, doch im Normalfall legte sich das recht schnell. Sobald die Neuankömmlinge spürten, dass sie an diesem Ort willkommen waren, und die Mitarbeiter des Hauses niemanden voreilig aufgaben, begannen sie aufzutauen.

Die meisten von ihnen besaßen zwar eine harte Schale, aber der Kern in ihnen zeigte sich weich und verletzlich. Sie seufzte. Hatte sie sich in Lisa getäuscht? Zaghaft bewegte sie den Kopf von rechts nach links, nein, diesen Gedanken musste sie abschütteln. Es gab keine Jugendlichen, die von Grund auf böse waren. Jedes Verhalten, das die Mädchen und Jungen an den Tag legten, spiegelte etwas aus ihrer Vergangenheit wieder. Lisa benötigte noch Zeit, um anzukommen.

Frau Hummel lehnte sich auf ihrem schwarzen Bürostuhl zurück, schloss die Augenlider und atmete zweimal tief ein und aus. Sie musste ruhig bleiben und das Gespräch mit ihr suchen. Auch wenn es nicht einfach werden würde, wollte sie dem Mädchen noch eine Chance geben. In ihren Gedanken glaubte sie fest daran, dass Lisa sich nicht mit Absicht so verhielt.

Nachdem sie spürte, dass das unangenehme Brodeln in ihr, dass durch das Schreiben der Schule ausgelöst wurde, verschwand, stand sie schwungvoll auf, griff nach dem Blatt Papier und verließ das Büro.

Im Treppenhaus traf sie auf Herrn Moosbach, einen ihrer Mitarbeiter, der gerade drei Klienten aus der Schule abgeholt hatte. Sie grüßte ihn und die Jugendlichen und wollte im Anschluss ihren Weg direkt weiter fortsetzen, doch Herr Moosbach deutet ihr kurz zu warten.

„Ich muss mit dir reden. Cindy hat sich zum wiederholten Male über Lisa beschwert ...", begann er.

„Sie würde ihre Sachen, ohne nachzufragen, mitbenutzen, in der Wohnung rauchen und ihr damit drohen, dass sie sie schlägt, wenn sie etwas an das Personal petzt."

Frau Hummel atmete laut hörbar aus. Auf diese Nachricht hätte sie gut und gerne verzichten können.

Cindy war die Mitbewohnerin von Lisa. In der Einrichtung teilten sich immer zwei bis maximal vier Jugendliche ein kleines Apartment mit Küche, Bad, einem Wohnzimmer und je nach Anzahl der Bewohner zwei bis vier Klienten-

Zimmern. Diese Besonderheit gab es nicht in jeder Einrichtung. Die meisten Häuser besaßen lediglich ein bis zwei Aufenthaltsräume für alle Jugendlichen und zum Teil gab es dort noch nicht mal Einzelzimmer, sondern ausschließlich Doppelzimmer.

Die Privatsphäre war in solchen Gruppen dementsprechend deutlich mehr eingeschränkt als hier. Die Jugendlichen besaßen durch die unterschiedlichen Wohnungen mehr Freiraum und Privatleben. Das wirkte sich auf die meisten von ihnen positiv aus und ersparte so manche Eskalationen.

Man durfte schließlich nicht vergessen, dass ein Großteil der Bewohner zu aggressivem Verhalten in Stresssituationen neigten oder in großen Menschengruppen nicht zurechtkamen. Mehr als die Hälfte der Jugendlichen musste bereits aufgrund nicht tolerierbarem Verhaltens aus anderen Einrichtungen genommen werden.

Doch natürlich boten die Kleingruppen auch negative Aspekte. Was sich hinter den Türen der Apartments abspielte, konnte vom Personal nicht immer und zu jeder Zeit kontrolliert werden. Mehr Freiraum bedeutete dementsprechend auch mehr Eigenverantwortung.

Selbstverständlich wurden die Jugendlichen nicht sich selbst überlassen; Tag und Nacht waren mindestens zwei Betreuer in der Dienstwohnung im Erdgeschoss anwesend, die sich kümmerten.

Es gab täglich drei gemeinsame Mahlzeiten in der Gruppenwohnung im ersten Stock, regelmäßige Gruppenangebote, Ausflüge, Einzelgespräche und Gruppengespräche.

Termine mussten mit den Betreuern abgesprochen werden, genauso wie Ausgehzeiten ... Bis darauf, dass die Jugendlichen in Apartments untergebracht waren und nicht in einem langen Flur Zimmer an Zimmer wohnten, unterschieden sich die Regeln und die Betreuungsweise kaum von denen anderer Wohngruppen.

Allerdings ist es, wie erwähnt, leichter zu überblicken, was die Bewohner in ihren Privatbereich fabrizieren, wenn sie alle auf einer Etage wohnen und nicht in einzelnen Wohnungen, die auf zwei Stockwerken verteilt liegen. Kleinerer Streitereien untereinander fielen deswegen leider weniger schnell auf und auch Regelverstöße wie zum Beispiel das Rauchen in den Räumlichkeiten, Alkohol- beziehungsweise Drogenkonsum konnten ebenfalls nicht jedes Mal sofort entdeckt werden.

„Ich kümmere mich darum. Doch zuerst muss ich mit ihr über das Schreiben, das heute von der Schule gekommen ist, reden."

Herr Moosbach lachte gekünstelt.

„Sie lässt aber auch nichts aus. Hat sie geschwänzt?"

„Nein, wenn es nur das wäre, wäre ich froh!"

Sie überreichte ihm das Papier, das sie in der Hand hielt, und ließ ihn lesen.

Sein Blick wanderte über die geschriebenen Zeilen und Entrüstung zeichnete sich in seiner Mimik wieder. Geschockt reichte er seiner Vorgesetzten das Schreiben zurück.

„Ich weiß jetzt nicht, was ich dazu sagen soll", suchte er nach den richtigen Worten.

„Lisa zählt definitiv nicht zu den einfachsten Menschen, aber das hätte ich ihr nicht zugetraut! Weißt du den Grund, weshalb sie sich so verhalten hat?"

„Nein. Noch nicht. Ich hoffe jedoch, dass sie mir einen guten Grund nennen kann. Einen Lehrer anzuspucken überschreitet schließlich jede Grenze! Das ist ein absolutes No-Go, gleichgültig, was vorgefallen ist. Es gibt keinen Anlass, der solch ein Verhalten rechtfertigt." Herr Moosbach nickte zustimmend.

Als er das erste Mal Lisas Akte vom Jugendamt überflog, fühlte er noch Mitleid und dachte, welch ein armes Mädchen sie sei. Sechzehn Jahre jung, seit vier Jahren Vollwaise und keine Verwandte, die sich um sie kümmern könnten.

Seitdem wurde in zahlreichen Einrichtungen deutschlandweit herumgereicht. Ein Psychologe diagnostizierte vor zwei Jahren bei ihr Depressionen und hin und wieder waren in ihrer Akte Schnittverletzungen vermerkt, deren Ursache unklar war. Vermutlich hatte sie sich diese selbst zugefügt, da sie mit ihrem inneren Schmerz nicht anders umzugehen wusste.

Einmal war sie deshalb sogar stationär in einer psychiatrischen Klinik, weil das Personal vom Jugendamt sie als eigengefährdet einstufte.

Sie wurde nach einer Party mit angeschnittenen Pulsadern gefunden. Einen Tag später behauptete sie vor dem behandelnden Therapeuten dann, dass sie sich nicht umbringen wollte und nicht wüsste, woher die Schnitte an ihrem Handgelenk kämen.

Sie schien kaum noch Halt im Leben zu besitzen und alles dafür zu tun, um noch weiter abzustürzen. Lisa stellte für ihn eine klassische Klientin dar, die das Vertrauen in sich selbst und die Welt verloren hatte, doch er war davon überzeugt, dass sie kein verkehrter Mensch war. Er glaubte fest daran, dass sie sich fangen würde, sobald sie sich eingelebt hätte. Eigentlich. Zumindest tat er das in den ersten Tagen.

Doch dieser Glaube bröckelte zunehmend weiter. Sein Mitgefühl verflog von Tag zu Tag mehr und stattdessen machte sich Ratlosigkeit breit. Merkte dieses Mädchen nicht, dass sie mit Vollgas auf eine Wand zusteuerte?

Nachdem Frau Hummel ihren Weg weiter in Richtung des Apartments, in dem Lisa wohnte, fortsetzte, blieb er noch einige Sekunden stehen und starrte nachdenklich gegen die Wand. Irgendwie musste man ihr doch helfen können. Es konnte nicht sein, dass sie auch hier in dieser Einrichtung ihre Chance auf ein festes Zuhause verspielte.

Kapitel 2

Erwartungsvoll klopfte die Heimleitung an die hölzerne Wohnungstür. Es machte sie extrem wütend und traurig, wie Lisa sich derzeit aufführte. Trotzdem – oder auch gerade deswegen – zwang sie sich dazu, ruhig zu bleiben und aufkochende Emotionen in ihrem Innern verborgen zu halten.

Als nach einigen Sekunden immer noch keine Schritte hinter der Tür zu hören waren, griff sie nach ihrem Schlüsselbund, suchte den Universalschlüssel, mit dem sie in jedes Apartment hereinkam, klopft nochmals, dieses Mal energischer, an und schloss parallel dazu auf.

Bereits im vorderen Flurbereich drang ihr der Geruch von kaltem Zigarettenrauch in die Nase. Anspannung breitete sich in ihr aus. Sie wusste, dass es pädagogisch absolut nicht wertvoll war und leider auch verboten, aber diesem Moment wünschte sie sich kurzzeitig, dem Mädchen eine Ohrfeige geben zu dürfen.

Nicht, weil sie ein Verfechter der Prügelstrafe war, sondern weil sie sich nicht mehr anders zu helfen wusste. Kein Wunder, dass bereits so viele Einrichtungen sagen mussten, dass sie keine Basis einer vernünftigen Zusammenarbeit zu dem Mädchen fanden, dass sie emotional zu negativ gestimmt, und somit am Ende ihres Fachwissens seien.

Im Slalom kämpfte sie sich weiter in Richtung Zimmertür. Der Flur der Mädchen-WG glich einem Schlachtfeld. Schuhe, Handtaschen, Jacken und sogar ein Staubsauger lagen mitten im Weg. Von wegen Mädchen wären ordentlicher als Jungs, diese These wurde hier eindeutig widerlegt!

Lisas Zimmer befand sich am hinteren Ende des Flurs, der L-förmig verlief. Dabei kam Frau Hummel an dem Wohnzimmer vorbei, in dem ebenfalls das Chaos regierte, dem Bad, aus dem es noch mehr nach Rauch roch, der Küche, in der die Küchenzeile unter unzähligen schmutzigen Tellern begraben war und Cindys Zimmer, bei dem die Tür verschlossen war. Auch bei Lisas Privatraum war die Tür zu.

Selbstsicher klopfte sie und wartete, dass sie hereingebeten wurde. Doch nichts geschah. Keine Reaktion. Das stellte allerdings keine unübliche Verhaltensweise dar. Viele Bewohner reagierten nicht, wenn sie wussten, dass es sich um einen Betreuer handelte. Sie versuchten damit, Gesprächen zu vermeiden und sich vor unangenehmen Dingen zu drücken. Obwohl diese Taktik nie erfolgreich verlief, versuchten es die Klienten immer wieder. Ohne zu zögern, betätigte sie deshalb ohne Genehmigung die Türklinke und betrat den Raum.

Lisa saß mit angewinkelten Beinen auf ihrem Bett, das an der gegenüberliegenden Wand zur Tür stand. Über ihren Ohren trug sie schwarze Kopfhörer, die mit ihrem Handy verbunden waren. Ihr Gesicht wirkte blass und das dunkle Make-up, das sie täglich trug, sah leicht verlaufen aus. Ihre Haltung drückte Ablehnung aus. Frau Hummel zwang sich zu einem Lächeln und versuchte, ein Gespräch zu beginnen. „Ich hatte mehrfach geklopft, aber du hattest nicht reagiert, deshalb bin ich einfach hereingekommen." Lisa schien sich jedoch nicht beeindrucken zu lassen. Ihr Gesichtsausdruck wirkte kühl und ihr Blick teilnahmslos.

Irritiert schaute sich Frau Hummel in den vier Wänden um. Sie hatte fest damit gerechnet, dass es hier ebenfalls unordentlich aussehen würde, doch die Erscheinung des Zimmers war anders. Es lag nichts herum, der Boden war aufgeräumt, selbst auf dem Schreibtisch lagen nur ein Laptop und mehrere Ladekabel. Die Wände waren nicht beklebt oder dekoriert ... Normalerweise war das eines der ersten Dinge, die neue Klienten taten: Sie richteten ihr Zimmer ein, hängten Bilder auf, Postkarten oder Briefe, die ihnen etwas bedeuteten, doch hier war nichts von all dem zu sehen.

Lediglich ein großer Rollkoffer, ein Rucksack und eine Reisetasche standen in der Ecke neben dem Kleiderschrank. Entweder war Lisa eine akribische Ordnungsfanatikerin, die alles sofort in Schränken und Schubladen verstaute, oder sie hatte noch gar nicht damit begonnen überhaupt irgendetwas auszuräumen.

„Ich möchte gerne mit dir sprechen", startete sie einen zweiten Anlauf.

Doch von der Klientin kam weiterhin keine Antwort.

„Darf ich mich setzen?"

Mit einem wütenden Funkeln in den Augen signalisierte Lisa ihr, dass es ihr nicht recht war, dass sie sich in ihrem Zimmer befand, doch darauf konnte sie derzeit keine Rücksicht nehmen. Sie nahm sich den Stuhl, der vor dem

Schreibtisch stand, und platzierte ihn so, dass sie ihr direkt gegenübersitzen konnte.

„Nimmst du bitte die Kopfhörer von den Ohren?"

Wie zu erwarten, reagierte Lisa auch auf diese Aufforderung nicht. Doch die Heimleitung war nicht doof. Während sie den Stuhl abstellte und sich hinsetzte, musterte sie das Mädchen.

Dabei fiel ihr Blick auf das Handy, das mit den Kopfhörern verbunden war. Dort wurde angezeigt, dass die Musik auf Pause stand. Das hieß, auch wenn Lisa so tat, als würde sie sie nicht hören, konnte sie sie sehr wohl verstehen.

„Wenn du mir nicht zuhörst, werde ich jetzt ein Selbstgespräch führen", probierte sie einen dritten Annäherungsversuch.

„Ich denke, du weißt, wieso ich hier bin. Ich habe einen Brief von deiner Schule erhalten und um ehrlich zu sein, hat mich dieser ziemlich geschockt."

Demonstrativ bewegte sie die Blätter in der Hand.

„Ich weiß nicht, was ich dazu sagen soll. Es macht mich sprachlos, traurig und wütend zugleich. Wie kann man nur auf solche eine Idee kommen?"

Während sie sprach, beobachtete sie Lisas Mimik, die sich minimal veränderte. Sie schien ihr tatsächlich zuzuhören.

„Willst du lesen, was in dem Schreiben steht, oder kannst du es dir denken?"

Genervt zog Lisa die Augenbrauen nach oben und ihre Knie näher an ihren Oberkörper. So eiskalt, wie das Mädchen nach außen hintat, schien sie offensichtlich nicht zu sein. Die Situation war ihr unangenehm.

„Sehr geehrte Frau Hummel", begann die Heimleitung die Zeilen vorzulesen.

„Bedauerlicherweise muss ich Ihnen mitteilen, dass ihre Klientin Lisa Brüser zum wiederholten Male im Unterricht negativ aufgefallen ist. Sie streitet sich mit ihren Mitschülern, erscheint dauerhaft unpünktlich, weist erhebliche Lücken im Lernstoff auf und stört gezielt den Unterrichtsverlauf mit vorlauten Bemerkungen.

Besonders auffällig zeigte sich ihr Verhalten während der letzten Mathematikstunde am Dienstag den 13. April. An dem besagten Tag bekamen die Schüler der Klasse die Ergebnisse der vorangegangenen Mathematikklausur mitgeteilt. Laut Aussage von Herrn Müller soll er mit Lisa nach der Notenbekanntgabe ein

Gespräch unter vier Augen mit ihr vor der Tür des Klassensaales gesucht haben, um über das Ergebnis und mögliche Unterstützungsmethoden zu sprechen.

Dort sei die besagte Schülerin ohne ersichtlichen Grund wütend geworden, hätte ihn angespuckt und wäre anschließend aus dem Schulgebäude gerannt. Aufgrund dieses Vorfalls, der davor bereits bestehenden Problematik und der seit Dienstag konstanten Abwesenheit der Schülerin erbitte ich mir als Schulleitung ein klärendes Gespräch zwischen allen Parteien."

Während sie das Schreiben vorlas, beobachtete Frau Hummel aufmerksam jede Gesichtsregung bei ihrer Klientin. Lisa schien ihr zuzuhören. Ihr Kiefer verkrampfte sich und die Augenpartie zog sich leicht zusammen, allerdings blieb sie weiterhin stumm.

„Was sagst du dazu?", forderte sie Lisa zu einer Antwort auf.

Wenn Blicke töten könnten, würde die Heimleitung nun tot am Boden liegen.

Lisa kämpfte. Sie kämpfte gegen die Wut in sich an, gegen den Hass, gegen Erinnerungen und gegen Verzweiflung. Sie spürte, wie sich ihre Kehle zuzog. Wieso konnten diese doofen

Erwachsenen sie nicht in Ruhe lassen? Ständig reden, Gespräche und die Frage „was sagst du dazu?"

Als ob ihre Meinung hier überhaupt irgendwen interessierte! Nervös begann sie mit ihren Fingern am Kabel der Kopfhörer herumzuspielen. Sie knickte es und drückte ihre Fingernägel in die schwarze Gummiummantelung. Immer fester und fester.

„Lisa, ich denke nicht, dass das Kabel etwas dafür kann", unterbrach Frau Hummel sie, die weiterhin auf eine Rechtfertigung wartete.

Sie konnte und wollte sich mit dem Schweigen nicht abfinden. Irgendeinen Grund musste es für das bockige Verhalten der Schülerin geben.

„Ich will dir helfen, aber das kann ich nicht, wenn du nicht mit mir sprichst."

„Boa! Ich will aber nicht reden!"

Ursprünglich hatte sie vor, das gesamte Gespräch über zu schweigen. Kein Wort zu sagen war meistens die schnellste und einfachste Methode nervige Unterhaltungen zu beenden, doch diese doofe Heimleiterin schien leider zu hartnäckig zu sein.

Sie konnte ihre Wut nicht länger in sich behalten.

„Mir ist nicht mehr zu helfen. Mir kann niemand helfen! Und dieser doofe Mathelehrer hat es verdient! Genauso wie es meine Mitschüler verdient haben und jeder andere auf dieser Welt auch!"

Zornig riss sie die Kopfhörer von ihren Ohren. In ihren Augen sammelten sich Tränen, die sie zwanghaft versuchte zurückzuhalten. Niemand sollte sie weinen sehen.

„Anhand deiner Reaktion merke ich, dass du mir offensichtlich doch zugehört hast", entgegnete Frau Hummel nüchtern.

„Und anhand der Lautstärke erkenne ich, dass du ziemlich wütend sein musst."

„Einen Scheiß bin ich! Haben Sie solche doofen Aussagen an der Uni gelernt? Nur, weil Sie studiert haben, bedeutet das nicht, dass Sie die Weisheit mit Löffeln gefressen haben!"

„Können wir bitte auf einer sachlichen Ebene miteinander kommunizieren?"

„Wer sagt, dass ich mich mit Ihnen unterhalten möchte?"

Seufzen.

Provokante Blicke von der Klientin und Ratlosigkeit auf der Seite der Heimleitung.

„Bitte Lisa …"

„Faszinierend, wie Sie jetzt auf Knien nach einem Gespräch betteln."

Es stellte jedes Mal dasselbe dar. In jeder Einrichtung, in der sie bis jetzt untergebracht war, versuchten die Betreuer sie zu bekehren.

Lisa, du musst freundlich sein, strenge dich an, du wirfst dein Leben weg, etc. Langsam konnte sie schon ein ganzes Buch mit diesen Aussagen füllen. Zuerst wurde so getan, als wären alle superfreundlich, dann wurde das Gespräch gesucht, als dritte Stufe gab es Sanktionen, als Viertes kam das „bitte, bitte, reiß dich zusammen" und als letzte Stufe wurde das Jugendamt benachrichtigt und sie wurde erneut in eine neue Einrichtung verbracht.

Dieses Spiel fand mittlerweile schon über drei Jahre statt. Lediglich in ihrer ersten Wohngruppe hielt sie es fast ein Jahr aus. Danach waren es nur noch Monate oder zum Teil sogar Wochen, bis sie weitergeschoben wurde.

„Ich krieche nicht auf Knien bei dir an und ich werde auch nicht betteln. Mein Ziel ist es, mit dir die Gründe zu erkunden, wieso du dich so verhältst. Ich möchte dich verstehen", probierte

Frau Hummel das Thema wieder zurück in die ursprüngliche Richtung zu leiten.

„Wieso wollen Sie das? Weil Sie dafür bezahlt werden? Oder weil Sie Angst haben, dass es keinen guten Eindruck macht, wenn Sie das Jugendamt anrufen und denen mitteilen, dass auch Sie nicht dazu in der Lage sind, mich auf den richtigen Weg zurückzubringen?"

Langsam versiegten die Tränen in ihren Augen und sie begann Spaß daran zu entwickeln die Leitung auflaufen zu lassen. Sie wusste genau, wo sie hinzielen musste, damit ihre Worte trafen.

„Was ist dein Ziel?", provozierte Frau Hummel zurück.

„Willst du wieder eine Einrichtung weitergeschoben werden? Möchtest du in ein paar Jahren auf der Straße landen? Macht es dich stolz, wenn Leute in dir einen hoffnungslosen Fall sehen?

Vielleicht solltest du dir überlegen, wem du mit deinem Verhalten mehr schadest: den Menschen, zu denen du fies bist, die du beleidigst, auf die du einschlägst oder dir selbst?"

Stille.

Die Äußerung hatte gesessen. Lisa schluckte. Es dauerte einige Sekunden, bis sie sich dazu in der Lage fühlte, erneut kontra zu geben. Dieses Mal klang ihre Stimme allerdings nicht mehr so fest wie zuvor, sondern eher dünn und zerbrechlich.

„Das ist doch gleichgültig. Es dauert nicht mehr lange, bis ich hier weg bin ... Meine Koffer brauche ich gar nicht erst auszupacken."

„Wenn du das so siehst, finde ich das traurig. Ich hätte dir in diesem Haus gerne ein neues Zuhause geboten und dir eine Chance geben, aber nutzen ... musst du sie."

In ihrem Gesicht zeichneten sich inzwischen Sorgenfalten ab.

„Ich hoffe, dass du noch mal in dich gehst und zu einer guten Entscheidung kommst. Morgen findet nach der zweiten großen Pause ein Gespräch in der Schule statt.

Ich hoffe, dass du dich bei deinem Lehrer entschuldigst und nicht noch mehr Einfälle hast, wie man sich richtig unbeliebt macht.

Ich fände es schade, wenn du dir auch hier wieder alle Möglichkeiten auf eine Zukunft verspielst. Langsam wird die Luft für dich dünn. Irgendwann ist die Endstation für dich eine geschlossene Jugendeinrichtung und ich denke nicht, dass du das möchtest."

Mit diesen Worten verabschiedete sich die Heimleitung. Eine längere Kommunikation machte aktuell keinen Sinn.

Lisa mauerte. Sie ließ niemanden an sich heran, blockte ab und sorgte mit allen Mitteln dafür, dass ihr kein Mensch zu nahekam. Sicherlich gab es hierfür Gründe, aber solange sie diese nicht benannte, mussten alle vor der Mauer stehen bleiben und zusehen, wie sie mit einem Vorschlaghammer jeden, der ihre Unterstützung anbot, niederschlug.

Dieses Verhalten war nicht abnormal für Jugendliche, die in einem Heim wohnten, durch einen Schicksalsschlag aus ihrem alten Leben gerissen wurden und nun einen neuen Platz finden mussten. Besonders solche Klienten wie Lisa, die ständig von A nach B geschoben wurden, weil sie überall aneckten, fassten sehr schwer Vertrauen, was auf gewisse Weise auch verständlich war.

Wer in regelmäßigen Abständen mitgeteilt bekommt, dass er zu anstrengend und zu kompliziert sei und niemanden findet, der sich intensiv mit ihm beschäftigt, einen Blick hinter die harte Fassade wagt und sich die Zeit nimmt, eine engere Vertrauensbasis aufzubauen, wird eiskalt und stahlhart. Bis zu einem gewissen Grad konnte sie sich in das Mädchen hineinversetzen. Es war keine einfache Lage. Allerdings fehlte ihr das Verständnis dafür, dass Lisa weder sich noch der Wohngruppe überhaupt irgendeine Chance gab.

Sie hatte sich selbst bereits so aufgegeben, dass sie es gefühlt darauf anlegte, schnellstmöglich weitergeschoben zu werden.

Mit einem leisen, verzweifelten Seufzen schloss Frau Hummel die Apartmenttür hinter sich. Ihrem Gesichtsausdruck sah man die Sorgen, die sie sich machte deutlich an. So konnte es nicht mehr lange weitergehen.

Im Mitarbeiterbüro angekommen setzte sie sich an ihren Schreibtisch und stützte ihren Kopf auf ihre Hände.

„Wie soll ich diesem Mädchen bloß helfen?"

Kurz nachdem die Tür des Apartments ins Schloss fiel, brach Lisa in Tränen aus. Kalte, salzige Tropfen rollten über ihre Wangen und tropften an ihrem Kinn herunter. In ihr brodelten Anspannung und Wut. Aggressiv presste sie die Fingernägel der rechten Hand in ihren linken

Unterarm. Der Schmerz, der dadurch ausgelöst wurde, hielt sie davon ab, zu explodieren.

Sie fühlte sich wie eine Ladung Sprengstoff, die ohne Sicherung in der Gegend herumstand, mitten in einem brennenden Gebäude. Warum konnte sie nicht so sein wie andere? Wieso? Sie wollte das alles nicht. Sie wünschte sich ein richtiges Zuhause, Menschen, die sie akzeptierten, wie sie war, die ihr das Gefühl von Geborgenheit gaben, doch das Einzige, was sie jedes Mal erreichte, war innerhalb kürzester Zeit gehasst zu werden.

Sie führte sich ekelig auf, wusste nicht wohin mit ihren vielen Gefühlen, ließ niemanden an sich heran und wer es doch wagte, sich in ihre Nähe zu begeben, wurde verletzt. Sie wünschte sich jemanden, der zu ihr stand, schickte jedoch jeden, der es wagte, auch nur ansatzweise an das Gute in ihr zu glauben, zum Mond.

„Ich bin ein Monster ...", schluchzte sie vor sich hin und krallte dabei ihre Fingernägel so tief in die Haut, dass es anfing zu bluten.

Ihre dunkle Schminke unter den Augen verlief durch die Tränen und ihre Mundwinkel verzerrten sich durch die Verzweiflung.

Vorwurfsvoll blickte sie aus dem Fenster in Richtung Himmel. „Warum? Warum tust du mir das an?"

Ihre Stimme glich einem Flehen. Nach außen hin tat Lisa stark. Sie spielte die Randaliererin, die sich gegen alles und jeden stellte, die sich laut zeigte, voller Aggressionen und Hass, doch in Wirklichkeit war sie ein kleines, verletztes Mädchen ...

Über die Autorin

Mein Name ist Laura Adrian, ich habe bis jetzt schon 24 Jahre mit mir selbst (ohne größeren Schaden!) überlebt und wohne in einem kleinen, schiefen Haus , das irgendwann mal als Scheune gebaut wurde.

Mein Geld verdiene ich derzeit mit Integration (ich integriere Buchstaben in Wörter und Wörter in Sätze). Gelernt habe ich vieles (insgesamt drei Ausbildungen angefangen), aber nichts zu Ende gebracht. Dementsprechend habe ich nach meinem dritten Versuch meinen Plan erst eine Ausbildung abzuschließen und mich danach selbstständig zu machen, über den Haufen geschmissen und bin den direkten Weg gegangen.

Wer jetzt allerdings denkt, ich wäre zu „doof" um eine Ausbildung zu bestehen, den muss ich an dieser Stelle leider enttäuschen...

Ich habe nämlich nicht wegen meinem Einserzeugnis die Ausbildungen abgebrochen, sondern wegen meiner Diagnosen. Denn ich bin kein „normaler" Mensch, sondern lebe mit der Diagnosen Borderline und war jahrelang stark essgestört.

Ja, richtig, ich hab mich auf ein lebensbedrohliches Gewicht heruntergehungert und mir die Arme aufgeschnitten. Also: Ja, die Narben an meinen Armen sind echt und nicht nur aufgemalt oder tätowiert :-)

Und nein, wenn wir gerade bei dem Thema sind, ich habe auch nicht abgenommen, weil ich so dünn wie ein Model sein wollte, sondern ich hatte dafür andere Gründe...

Aber jetzt Schluss mit meiner Vergangenheit und ab in die Gegenwart: Wie bereits erwähnt, bin ich 24 Jahre alt (habe in meinem bisherigen Leben jedoch schon mehr erlebt, als so mancher 100-jähriger...). Mein Geld verdiene ich hauptsächlich als freiberufliche Autorin (ja, das ist ein Beruf und ja, das ist „echte" Arbeit!). In meiner Freizeit bin ich ehrenamtlich im THW tätig.

Bisher erschienen:

Nur die Hölle könnte schlimmer sein

Barfuss durch die Scherben der Vergangenheit

Endstation gesund!?

Die Kunst, ein Stachelschwein zu umarmen

(K)ein Leben mit Borderline und Essstörungen

Zersplitterte Seele